小樹文化
Little Trees

童年會傷人

美國國家認證諮商師
留佩萱——著

[推薦序] 愛與改變：從理解，治癒自己的童年創傷

吳麗芬（人本教育基金會數學想想國總監）

人本心理學家佛洛姆（Erich Fromm）在其經典著作《愛的藝術》（*The Art of Loving*）裡說：「愛包含著照顧、責任、尊重與了解……如果缺乏尊重，則責任很容易質變為控制和占有……如果不了解一個人，就不能尊重他；照顧和責任如果不以了解為導引，就是盲目的。」了解，實在是愛的基礎啊！

然而，對許多人來說，「控制一個人」比「了解一個人」簡單多了，因為大家都是那樣長大的，控制的手段根本就是從小耳濡目染，以致習以為常到腦神經已經沒有其他連結，比方說：「你再這樣試試看，我不要你

了！」、「你如果現在不吃這個菜，等一下也不能吃蛋糕。」、「下次再打破碗，就不准你吃飯。」、「這次考試如果一百分，就給你一百元獎金。」、「我為你犧牲這麼多，你就是這樣報答我的嗎？」……這些威脅、利誘與情感勒索，是我們從小聽慣的話，等當了父母也幾乎無縫接軌的用在我們的小孩等親密家人身上，等小孩長大，說不定還加倍奉還給我們！事實上，活在這種負向文化的輪迴裡，沒有人是快樂的，既然如此，為什麼不改變？

改變是需要信心的！美國心理學家馬丁・賽利格曼（Martin E.P. Seligman）著名的認知科學實驗「習得無助」（Learned Helplessness），利用將狗置於地板通電的環境，讓牠除了無處可逃，且對於電擊的發生既無法控制也無法阻止。然後換去半邊地板通電、半邊沒通電環境後，當電擊來時，即使把狗拉去沒有通電的一邊，狗卻又會回到有電的那半邊去，然後繼續在恐懼中捲身哀鳴。這個實驗讓我們看到「無法靠自己力量終止電擊的狗」是如何變得聽天由命、不再相信自己的努力是有用的。天生沒有

「無助感」的狗，竟然因此信心潰散、「習得無助」，而無助感的消除，還要歷經三十～五十次的實驗協助才能奏效。

人雖然不是狗，但回想我們自己的成長歷程，難道沒有習得無助的時候？當我們面對那些威脅、利誘與情感勒索的時候，最後不也就無助的順服了嗎？長大後的你，花過多少時間去「消除」它呢？無助感累積越多，信心越無，即使想要改變，往往也會感到舉步維艱，童年留下的傷害，莫此為甚！

「愛」是需要學習的。愛的對象既然是「人」，那麼我們第一件要學的事情就應該是去了解「人」，而且從自己了解起，不是嗎？佩萱曾經跟我一起在人本教育基金會工作，每年我們都親眼見證許多決心改變的爸爸或媽媽，在知識與社群的支持下走出困境。如今，佩萱出版了這本書，無疑將會幫助更多人因為「了解自己」而重新獲得改變的力量。

這真是一本非常適合所有成人閱讀的「自療書」，很重要的一點是，你可以徜徉在佩萱溫暖博學的筆觸中，理解許多跟人的成長息息相關的科學知識，使得你對自己或孩子行為的接納，是一種了解真相後的接納，而非只是道德上認為「應該要接納」而已。

[自序] 理解過去，擺脫家庭創傷的世代枷鎖

提到原生家庭，你會想到什麼？

擔任心理諮商師以來，我遇見的每位個案因為生活上的問題來到諮商室，這些困擾可能是：壓力過大、焦躁、憂鬱、長期失眠、在情感上有問題、不斷劈腿或同時與多人交往、自尊心低落、無法控制情緒、凡事要求完美等等。通常，與個案建立起信任關係後，個案就會開始透露原生家庭發生的事情，譬如：凡事要求完美的大學生提到，從小父親就不斷跟她說：「妳這麼笨，根本考不上大學。」另一位有情感溝通問題的個案提到：「媽媽從小就很強勢，不管說什麼都無法說服媽媽，最後乾脆直接放

棄溝通，照著媽媽的話做就是了。」不僅如此，還有那些埋藏許久、很難說出口的童年創傷，像是肢體虐待、被性侵、被父母嚴重疏忽，或是目睹家暴等等。

我在美國的諮商室裡，聽到個案描述「原生家庭帶來的傷痛」，而這一年當中，也有許多遠在台灣的朋友，寫信告訴我「原生家庭的童年創傷」。信中的文字敘述著一個個痛苦的童年經歷：爸爸失控把我毒打一頓、媽媽把我的畫筆摔落一地、對我大聲吼叫、童年時期被祖父性侵、從小就被拿來和兄弟姊妹比較，不斷被數落自己有多糟、多醜、多笨、目睹爸爸毆打媽媽、媽媽情緒不穩定，當我做錯事就把我鎖在家門外……。「家」，這個理應安全的避風港，卻是很多人的夢魘與痛苦來源。

不管是電子郵件中的文字，或是在諮商室中聽到的故事，我深刻感受到：**不管是美國還是台灣，這兩個有著不同文化、不同種族的國家，受到原生家庭的傷害卻是那麼類似。**

當然，我們不能說：「原生家庭決定人的一生。」畢竟，除了家庭，影響孩子成長的因素還有很多，像是：個人特質、學校、老師、同儕、居住環境，以及整個社會的歧視與壓迫……。但是，從諮商經驗中可以看到，原生家庭的確造成很大的影響，不僅是影響你，還會影響到你的下一代。**很多時候，父母會不經意的複製自己小時候的經歷來教育下一代，畢竟，那是我們最熟悉的教養方式。**

雖然，我們無法選擇自己的原生家庭，也無法再回到童年，但是，我們可以讓原生家庭的傷害停留在這一刻、擺脫家庭創傷的世代枷鎖。因為，你就是你孩子的原生家庭，你對待孩子的方式將會影響孩子一生。許多經歷原生家庭創傷的人會擔心：「成為父母後，我會不會跟自己的爸爸媽媽一樣？」但是，不管是否出生在充滿傷害的原生家庭，你都可以改變、提供下一代更健康的原生家庭。你可以讓原生家庭不再充滿負面含義，而是充滿著愛、支持、溫暖與信任。

身為諮商師，我都是在「傷害已經造成」後，幫助個案復原。但是，如果父母能夠改變——接收到正確資訊、了解孩子成長過程的需求、意識到自己的行為對孩子所造成的影響——提供孩子健康的原生家庭，對孩子來說，影響力比再多心理治療有效多了！這也是這本書的目的——幫助你覺察到原生家庭帶來的影響、了解父母言行對孩子造成的傷害，然後試著改變，讓家庭創傷在你這一代停止，不再傳遞給下一代。

本書一開始，會幫你檢視自己的原生家庭，我並不是要你把過錯全部推給父母，因為家庭創傷是代代相傳，不是從你才開始。很多時候，父母對待你的方式，源自於他們小時候與上一輩的相處經歷，於是，他們用自己熟悉的教養方式對待你。但是，**你不需要複製這種教養方式給下一代，你可以讓傷害在此停止。當你能夠理解過去就能開始改變，給孩子更好的原生家庭。**

目錄
CONTENTS

第二章　探索本源——童年如何影響你的教養模式

第四章｜不敢說的祕密——家暴、離婚、性侵

【第2部】／從現在起，改變你與孩子的一生

【練習11】二十秒的親密接觸

【結語】從現在開始，當個有意識的父母

第1部

童年創傷對孩子一生的影響

第一章

自我認識

覺察你的童年創傷

你之所以成為現在的你，是由童年經驗所塑造而成。父母、照顧者對待你的方式、童年所經歷過的所有事情，都會成為你的一部分，並且在長大之後，影響著你的身心健康、親密關係，與下一代的相處模式和教養模式。

本章藉由檢測自己的童年負面經驗開頭，探索童年經驗對成年後的影響。讓我們清楚看見童年時期的陰霾，就能察覺自己深埋在皮膚底下、尚未痊癒的童年傷口。當你開始為傷口清創，就是癒合的開始。

1

你如何成為現在的自己？

你之所以成為現在的「你」，可能是由童年形塑而來。童年累積不論好或壞的所有經驗，會在成年時展現出來，影響你與他人的互動模式：從家人、朋友，甚至是另一半或者是下一代。

你現在過得自在嗎？你喜歡自己的生活嗎？你滿意自己的現況嗎？讓我們先從檢視童年經驗開始，看看童年對你有什麼影響？

開始前，檢視你的童年：負面童年經驗測驗

閱讀本篇前，先做個測驗。請回答下頁十個問題，若答案為「是」就得一分，「否」則不計分，你可以利用下頁表格計算分數。

回答的過程中，可能會觸發你的負面情緒或記憶，不用一口氣做完這個測驗，必要時可以休息一下再回答，也可以適時做幾次深呼吸，運用腹式呼吸法——把手放在腹部，吸氣時慢慢感受腹部膨脹，吐氣時再慢慢縮回去，用來緩解你的情緒，讓身體放鬆。

測驗共有十題，主要詢問成長過程中，照顧者對待你的方式，以及家中狀況。這些測驗想探究你的主觀感受，也就是：「你是不是有這種感覺？」不需要詢問父母有沒有做過這些事情，或是發生的頻率，此測驗全由你自己決定回答「是」還是「否」。

請回想，十八歲生日以前是否有下列感受？

題目	是 1分	否 0分
1. 父母或身邊的大人時常（或常常）咒罵你、羞辱你、侮辱你、對你說輕蔑的話，或做出傷害你的行為？		
2. 父母或身邊的大人時常（或常常）推你、抓你、打你巴掌、朝你丟東西，讓你的身上有傷痕、瘀血，或嚴重的傷害？		
3. 父母或身邊的大人時常（或常常）用你不喜歡的方式碰觸你、要求你碰觸他／她的身體，或是做任何與性相關的行為，像是口交、肛交、性交？		
4. 覺得家裡「沒有人」愛你、重視你。你是否覺得家庭成員間不會互相照料、彼此並不親密，也不會互相扶持？		
5. 沒有足夠的食物、常常穿髒衣服、覺得沒有人會保護你、父母經常酩酊大醉，或藥物成癮，因而對你疏於照顧，譬如生病時沒有帶你去看醫生？		
6. 因為雙親離婚、棄養……失去親生父親或母親？		
7. 雙親（或是繼父母）時常被另一半推、抓、打、踢踹、丟東西，甚至被拿刀威脅？		
8. 曾經和有酒癮或藥物毒品問題的人一起居住？		
9. 家庭成員有憂鬱症、其他心理疾病，或曾經試圖自殺？		
10. 家庭成員曾經入獄？		

現在，請把分數加起來，你的總分是：

上表中列出的項目都屬於負面童年經驗。做測驗的過程中，出現負面情緒很正常。就像我在測驗前提到的：需要時，你可以用深呼吸調整自己的情緒，或是暫時放下本書，做一些可以讓你心情愉快的事情，像是聽音樂、喝杯茶，休息好再繼續閱讀。如果你勾選了其中一項，請不用擔心，因為大部分的人都經歷過這些負面童年經驗。

但是，完成測驗後請想一想，這些經歷對現在的你造成了哪些影響？也就是「原生家庭」對你造成了哪些影響？

原生家庭塑造了現在的你

原生家庭指從小生長的家庭，不一定是親生父母所處的家庭，因為有些人從小在親戚家長大，或是被領養，你成長的家庭就是你的原生家庭。

閱讀下一章之前，請花幾分鐘思考：童年經驗和原生家庭如何塑造了你？你如何成為現在的自己？你擁有的價值觀、信念、看待事情的方式從何而來？若你願意，也可以寫下內心想法，讓書寫幫助你思考與釐清。

接著，請再想想：童年經驗以及原生家庭，對現在的家庭有哪些影響？你所組成的家庭是否某部分與自己的原生家庭相似呢？這裡所說的「現在的家庭」，指的是你與伴侶以及孩子所組成的家庭。也請想想看，童年經驗如何影響你教養孩子的方式？

思考過後，請翻到下一篇，談談剛剛做的測驗。

練習 1

看見原生家庭對你的影響

請花幾分鐘思考下列問題：

1. 你的童年經驗和原生家庭如何塑造了你？

2. 你如何成為現在的自己？

3. 你擁有的價值觀、信念、看待事情的方式從何而來？

2

沒有人在完美的家庭下長大

沒有人在完美的家庭下長大，但是若童年遭遇越多負面經驗，成年時期得到身心健康問題的比率越高，得到癌症、憂鬱症、焦慮症、酒癮、藥癮、肥胖症、糖尿病、自殺傾向、性病、肝炎，或是心血管疾病等等的機率更高。

童年創傷是多數問題的根源

前一篇做的測驗稱為ＡＣＥ測驗，用來研究「**負面童年經驗**」（註：Adverse Childhood Experiences，簡稱ＡＣＥ）。如果你勾選了任何一項負面童年經驗，請不用擔心，你一點也不孤單，因為ＡＣＥ研究顯示，大部分的人都經歷過這些負面童年經驗。

身為諮商師，我碰過許多個案，在諮商過程中述說著自己的困擾：「我很害怕別人的眼光」、「只要一點點小事我就氣得大發雷霆」、「我一天到晚都很焦慮，總覺得每個人都在批評我、說我很差」、「我沒辦法信任他人、沒有辦法在感情中做出承諾」、「只要看到別人發脾氣，我就會僵住、不知道怎麼回應」。這些個案認為：問題所在是自己很糟糕、自己不夠好。他們常常問我：「我到底哪裡出了問題？」

但是，ＡＣＥ研究提供了另外一個觀點——我們認定的「特質」，或許是童年經驗塑造而成的。

「**童年經驗形塑出我們現在的樣子**」，這個觀念直到三十年前才開始被大家所重視，就連做ACE研究的美國內科醫生文生．費利帝（Vincent Felitti），也是不小心發現的。

一九八〇年左右，治療肥胖症的費利帝醫生發現：雖然治療的成效良好，但退出療程的病人仍然高達百分之五十。為了了解原因，費利帝醫生對這些病患進行一對一訪談。他耗費心力長時間訪談，卻找不出任何異狀，直到他陰錯陽差問了一個問題：

「妳初次性行為時，體重多少？」費利帝醫生問。

「四十磅（約十八公斤）。」女病患回答。

費利帝醫生以為自己聽錯了，又問了一次。女病患還是回答四十磅，接著說：「我四歲的時候，對象是我父親。」然後哭了起來。

因為這段對話，費利帝醫生開始詢問退出療程的病患：「是否在童年時期遭受性侵？」結果，退出的病患中，大部分的人小時候都被性侵過。對這些童年時期遭受性侵的人來說，「吃」是處理情緒與壓力的方式；而且，對於部分病患來說，肥胖讓他們有安全感，因為這樣的體態「不吸引人」。「吃」不是問題的根源，「性侵創傷」才是。

童年負面經驗越多的人，成年身心健康的問題比率越高

費利帝醫生無心的問題讓他發現：「性侵創傷」與「肥胖症」的關聯。但是，當時的社會並不這麼想，大家認為，肥胖症是因為自己懶惰、不夠努力，所以，當費利帝醫生在國際研討會上發表這個論點時，底下的聽眾不但不領情，還指責：「你根本是在為這些人找藉口！」

為了證明童年負面經驗對成年後的影響，費利帝醫生決定正式擴大研究，在一九九五～一九九七年間，研究了一萬七千多位成年人。這些受試者主要是白人、擁有大學學歷、良好的工作和健保的中產階級。問卷中詢問了十種負面童年經驗，包括：肢體虐待、性侵害、情緒暴力、疏忽、目睹家暴、家庭酒癮問題等等，並檢視了受試者的醫療紀錄。這篇研究於一

九九八年發表，也就是著名的ＡＣＥ研究，而研究中用來詢問童年負面經驗的題目，就是第一篇所做的測驗。

令人驚訝的是，這些擁有大學學歷、有良好工作的白人中產階級，仍有很高的比率在童年經歷過負面經驗。約三分之二的受試者，在ＡＣＥ測驗中至少得到一分；有八分之一的受試者，ＡＣＥ測驗至少有四分。

其中，最令費利帝醫生吃驚的是：研究結果顯示，童年負面經驗與成年身心健康有著高度關聯性。ＡＣＥ分數越高，也就是**童年遭遇越多負面經驗的人，成年時期得到身心健康問題的比率越高**，像是癌症、憂鬱症、焦慮症、酒癮、藥癮、肥胖症、糖尿病、自殺傾向、性病、肝炎、或是心血管疾病等等。此外，ＡＣＥ**分數越高，成為家暴加害者、被強暴，或是工作表現出問題等等的機率也更高**。

在童年時期受傷害的人，比想像中還多

ACE研究告訴我們，許多人在童年時期都遇過童年逆境。這裡指的童年逆境是ACE測驗中的創傷經驗，並非「一般手足吵架」、「考試考不好」、「媽媽不買玩具給我」這種成長過程中，孩子多少都會碰到的挫折或是壓力。

童年逆境比想像中還要普遍，約有三分之二的人有一種以上的童年負面經驗，也就是說，每三個人就有兩個人經歷過ACE測驗中，至少一項的童年負面經驗。此研究發表後，美國許多地方也使用過此測驗，檢測童年遭受負面經驗的程度，得到的數據也差不多。

ACE測驗只詢問十種童年逆境，而我們知道，其他童年負面經驗也會影響孩子的身心發展，像是親人過世、目睹兄弟姊妹受虐待，或是被侵害、父母長期爭吵、生活在貧困環境中，或是住在充滿暴力的社區等等。

沒有列在ACE測驗中的傷害也可能對童年造成很大的陰影。如果把

其他童年負面經驗也算進去，那麼，在童年時期受到傷害的人，比想像中還要多。**沒有人在完美的家庭下長大，我們或多或少都還帶著童年時期的傷害。**

你對待孩子的方式，決定了他未來的身心健康狀態

本書用ACE測驗開頭，為了幫你檢視自己的童年。ACE研究告訴我們，成年後的身心健康與童年負面經驗相關，也就是說，許多你覺得「自己有問題」的特質或行為，或許是童年時期的經驗所造成的。

我們沒有辦法改變童年經歷和原生家庭，但是可以改變自己的下一代，因為，**你就是你孩子的原生家庭，你對待孩子的方式決定了他的ACE分數和未來的身心健康狀態**。不管是否在充滿創傷的原生家庭下長大，你都可以改變、提供下一代良好的原生家庭。當你拿起這本書，表示你可能意識到自己的原生家庭曾經帶來傷害，而你不想把這些傷害傳給下

一代。這也是本書宗旨——**覺察到自己的過去，了解父母的言行對孩子造成的影響，以及提供改變的方法。**

現在，請翻回前一章，看看你的ＡＣＥ測驗，你的分數是多少？你覺得，童年如何影響現在的自己？

3

每個大人，都曾經是個孩子

看著自己的ACE分數，你可能會疑惑：「難道這個數字決定了我的身心健康嗎？」

當然不是！

雖然童年負面經驗會影響成年時期的身心健康，但這並不代表ACE分數高的人就一定會有嚴重的健康危機。許多在ACE測驗獲得高分的人也可以過得很好且身心健康。就算ACE分數高，你也能改變。

童年受到的「惡性壓力」不會使你堅強，只會傷你更深

童年創傷影響成年身心健康的程度，也和其他因素有關，像是每個人自身的氣質、基因、年紀、加害者是陌生人還是親密家人、事件發生的頻率和嚴重程度、身邊有沒有良好環境支持、個人的復原力等等，這些都會改變創傷事件的影響力。所以，ACE分數並不等於將來的身心狀態。

儘管如此，研究結果仍顯示「童年創傷與成年身心健康有顯著關係」，這又說明了什麼？每個大人都曾經是個孩子，不管童年快不快樂、是否充滿負面經驗，現在回想起，你可能覺得這些都是往事了，就像英文諺語「若困境沒有置你於死地，你就會更加堅強」（註：What doesn't kill you makes you stronger），就是要勉勵大家逆境可以使人茁壯。但是，這句話不完全正確，就算成年了，童年創傷並沒有離開你，而是以另一種形式跟隨著你：無法信任另一半、有憂鬱症或焦慮症、覺得沒有人愛自己、常常覺得達不到他人期望、習慣逃避衝突、不知道如何表達自己的感受和需求，

所以經常委曲求全，或是健康亮起紅燈，受困於各種身體上的疼痛。**童年所承受的「惡性壓力」不會讓你更強壯，只會傷你更深。**

惡性壓力，就像綁在身上的不定時炸彈

曾有家長在閱讀ACE研究後問我：「所以說，我們不能給孩子任何壓力嗎？」

當然不是，適當的壓力有益於孩子的健全發展，但是這些壓力不包含「惡性壓力」（Toxic Stress）。研究表示，壓力分成三型：

第一型稱為「良性壓力」，孩子在成長過程中不可避免會碰到壓力，像是第一天上學、到陌生環境、認識新朋友、考試、上台報告、看醫生、和朋友吵架。孩子感受到這些壓力，身體也會做出回應——心跳加快、肌肉緊繃、釋放適量的壓力荷爾蒙，並在結束後快速回到放鬆狀態。這些適當壓力是成長過程中必要的學習歷程。

第二型稱為「可容忍壓力」，生命中，孩子難免遇到高度壓力，像是親人生病、天災，或是受傷等等。在這些壓力下，孩子會產生劇烈反應，像是身體壓力荷爾蒙快速上升。但是，孩子遭受這些壓力的時間較短，加上有良好的環境支持，像是感受到父母親愛他、關心他，就能緩衝掉高壓所帶來的傷害。

第三型的「惡性壓力」就像一顆不定時炸彈。ACE測驗裡詢問的創傷像是肢體暴力、性侵、疏忽、父母長期冷落、羞辱、嘲笑、貶低等等，長期生活在這樣的環境下，身上就像綁了一顆不定時炸彈，隨時會爆炸。在這樣的環境下，孩子需要時時保持警戒、無時無刻觀察周遭是否有危險、不斷擔心：「爸爸喝醉酒會不會打我？會不會打媽媽？」、「我這樣做會不會又被媽媽罵笨蛋？」

偵測到威脅時，身體就會進入「反擊或逃跑」的緊急備戰模式——身體壓力荷爾蒙快速上升、心跳加快、肌肉緊繃，準備面對危險。正常狀況下，身體在事後就可以回到放鬆狀態，但**長期生活在惡性壓力下的孩子卻**

一直處在高壓狀態，當他無法「反擊或逃跑」時，也有可能進入「凍結」模式——僵住、無法動彈。**當孩子承受太多恐懼時，他們甚至會切斷所有感覺，築起一道牆杜絕所有情緒，變得麻木、沒有感覺，**就不用感受傷害所帶來的恐懼，這也是一種身體保護機制。

受傷的童年會導致大腦受創

你可能會好奇，為什麼童年時期的惡性壓力會影響成年時期的身心健康？這就要從大腦講起。

大腦會根據經驗和環境改變，孩子每天接觸到的事物，都會影響大腦。大腦杏仁核就像「煙霧偵測器」，負責偵測環境有沒有威脅。當杏仁核偵測到威脅時，就會啟動身體的壓力模式，進入「反擊或逃跑」狀態——腎上腺素升高，幫助你反擊，或是逃離危險。長期生活在創傷下的孩子，大腦杏仁核不斷偵測到威脅，一直處於活化狀態。過度活化會造成杏仁核功能失調，將「不是威脅」的訊號視作危險，而做出劇烈反應。譬如，別人只是看他一眼，孩子就認為對方想要攻擊他，於是先出手還擊。除此之外，研究也發現，長期處於惡性壓力也會傷害大腦前額葉，影響思考、情緒調控或是衝動控制。

惡性壓力會改變孩子的大腦構造和功能，造成情緒、行為和認知上的負面影響，這些改變一路跟隨到成年，然後影響你每天的生活樣貌。

你仍然可以改變自己的未來

每個大人都曾經是個孩子。孩提時，這些發生在你身上的負面經驗影響了大腦，然後塑造出許多現有的特質。或許，讀這本書的過程中，你已經覺察到自己的某些狀態可能來自童年經歷。這樣的覺察很重要，是改變的第一步。

請告訴自己，遭遇這些童年負面經驗不是你的錯，是身邊的大人沒有好好保護你，或是用不正確的方式對待你。

請記得與自己的內心對話，因為不管過去多少年，童年時期塑造的信念早已讓大腦神經形成了一條堅定的迴路，讓你深信：這些事情是你造成的、是你不好，也因此充滿羞恥感。**要想改變這些舊有的大腦迴路，就必須建立新的大腦迴路，所以，大聲說出來，或是寫下來，不斷重複提醒自己：「這不是你的錯。」**

我也常常告訴來諮詢的個案：大腦因為童年負面經驗而改變，並不代表你的大腦有問題，相反的，這正是大腦保護自己的方式。為了幫助你在逆境中生存，大腦必須做出這些改變，幫你適應受創的環境、這也是人所能展現出的堅強韌性和復原力。

大腦是可塑的，一生都可以改變。過去的童年負面經驗或許改變了你的大腦，但是不代表就這樣一輩子定型了。你還有機會改變，建立新的大腦神經迴路，用不同的方式生活，以及教養下一代。

NOTE

童年塑造的信念讓大腦神經形成了一條堅定的迴路，若想改變，就必須時常與自己的內心對話。請大聲說出來、寫下來，重複的提醒自己：「童年時期所受的傷不是你的錯。」

4

童年創傷的印記，一直跟隨著你

因為擔心打破家中原有的平衡，孩子通常會把在家中受到的傷害當作「祕密」不敢說出來。他們不知道大人這樣對待他們的方式是不對的，只知道：「一定是我有問題、一定是我的錯，所以他們才會這樣對我。」

成年後，你可能會認為童年早已過去，但其實並沒有。童年經歷會影響你成年後如何看待、解讀事情、如何面對壓力與挫折、如何處理人際關係以及親密關係、以及如何教養你的孩子。

你的童年記憶可能是：爸爸或媽媽只要一生氣就會打你、呼你巴掌，甚至讓你的身體傷痕累累；有時候，爸爸或媽媽晚上回家時會喝得醉醺醺，然後隨便怪罪你、對你破口大罵；爸爸或媽媽常常會羞辱你、嘲笑你：「你怎麼這麼笨？」、「你怎麼什麼都不會？」、「我怎麼會生出你這樣的孩子？」；爸爸或媽媽經常批評你的外貌和身材：「怎麼這麼肥？長得這麼醜？」；爸爸或媽媽只在意你的考試成績，當你沒有達到標準時，可以感受出他們很失望、覺得他們不愛你；成長過程中，覺得自己永遠得不到爸媽認同，他們不斷批評你，告訴你應該怎麼做，覺得自己做什麼都不夠好；爸爸或媽媽情緒起伏不穩定，前一秒還在稱讚你，下一秒就翻臉責罵你；爸媽經常吵架、互相吼罵，甚至會丟東西或是拳打腳踢；覺得很多事情都是自己的錯，像是媽媽說：「要不是因為你，我早就跟你爸離婚了！」；覺得沒有人關心你、沒有人愛你、沒有人真正了解你；覺得人生被爸爸媽媽控制，要念什麼科系、要念哪間大學都由父母決定，他們會說：「我這樣都是為了你好，你怎麼不懂得感激？」

生活在這樣家庭下的孩子，通常會把家裡發生的傷害當作「祕密」，不敢說出來，尤其家裡成員都不談論這件事情，彷彿什麼事都沒有發生。孩子不知道被這樣對待是錯誤的，他只知道：「這件事情發生在我身上，我感到恐懼害怕。但是，並沒有人跟我說『這樣是錯的』；一定是我有問題、一定是我的錯，所以他們才會這樣對我。」

童年經歷影響成年後如何看待、解讀事情、如何面對壓力與挫折、如何處理人際關係以及親密關係、以及如何教養你的孩子。**童年並沒有離開，也沒有因為時間而消失，而是用另一種方式——被形塑的大腦神經和身體系統——繼續跟隨著你。**如同美國科學記者納卡薩娃（Donna Jackson Nakazawa）在書中描述童年負面經驗如何影響成人時這麼寫：「你的經歷形塑了你的生理反應。」（註：Your biography becomes your biology）也就是說，童年經驗改變了你的大腦和身體，變成你生理反應的一部分。

兒時的依附關係，影響將來的親密關係

童年經歷除了影響大腦發育，也影響你和他人的親密關係，依附關係就是其中一例：嬰兒出生後，藉由和他人互動來認識世界。當嬰兒肚子餓了、尿布溼了不舒服，或是感到害怕而哭泣時，如果身邊的照顧者能夠立即回應他的需求——餵他喝奶、替他換尿布，或是抱起他、輕輕說話來安撫他，嬰兒可以感覺到：「當我有需要時，會有人來幫助我、替我消除這些不舒服的感覺、讓我快樂。」在這樣的環境下長大，嬰兒會相信：「這個世界是安全的、是可以預測的。」

你可能會懷疑：「嬰兒還這麼小，真的可以感受到這些東西嗎？」事實上，嬰幼兒可以快速察覺到周遭環境的氣氛，以及他人的情緒和行為。美國發展心理學家楚尼克博士（Edward Tronick）就曾經做過「面無表情實驗」，他請媽媽和嬰兒在觀察室中互動，接著，原本開心與嬰兒互動的媽媽轉變成面無表情的臉龐、不回應孩子的任何反應。實驗影片中，媽媽變

臉的那一瞬間，嬰兒立刻感受到不對勁，於是，開始對媽媽微笑、手舞足蹈、用盡辦法喚回媽媽的反應。當媽媽還是不回應時，嬰兒開始焦慮、尖叫、哭泣，最後甚至把頭轉向一旁逃避。

當自身需求可以被滿足，像是嬰兒發出咿咿嗚嗚的聲音或微笑時，父母也回應——將他抱起、對著他講話、對著他微笑，就能讓嬰兒感受到：「我是重要的」、「有人關心我、在乎我」。如此長大的孩子，就能形成「安全型依附關係」，在他們眼中，世界安全、可以預期、願意信任他人，所以他們更願意去嘗試、探索這個世界；當嬰兒焦慮、害怕、身體不舒服時，藉由父母的安撫，嬰兒也開始學習調節情緒。**心理學家認定，嬰兒需要與至少一位主要照顧者形成安全型依附關係，才能夠學會如何自我調節，發展出健康的人際關係。**

相反的，當嬰兒有需求時，像是肚子餓了、身體不舒服卻沒有人回應——爸爸媽媽不理會嬰兒的需求、在嬰兒哭泣時顯露出生氣、憤怒、焦躁等等情緒、對著嬰兒破口大罵，或是心情好時就去哄孩子，心情不好時就發脾氣。這些情況下，嬰兒感受到的世界是不安全的、無法預期的，他們感受到的訊息是：「我不重要」、「沒有人愛我」、「沒有人關心我」，因而形成「不安全型依附關係」。

此外，父母沒有幫忙安撫情緒，孩子長大後比較容易有情緒調節上的困難。如果用英國發展心理學家約翰・鮑比（John Bowlby）的依附理論解釋，不安全型依附關係還細分為很多種型態，但我統稱為「不安全型依附關係」。

覺察到童年在你身上留下的印記

出生前幾年和照顧者所形成的依附關係會跟著你一輩子：研究顯示，幼兒時期與父母形成安全型依附關係的人，將來在親密關係中比較有自信、能夠信任另一半，並且能用較健全的方式解決問題。相反的，**有著不安全型依附關係的人，可能在親密關係中常常沒有自信與安全感，於是，**

他們可能會用激烈的手段爭取另一半的注意，卻往往破壞了親密關係。

不僅如此，小時候和父母建立的依附關係，也會影響你將來會成為什麼樣的父母。我在諮商經驗中也看到，父母能不能面對並處理孩子的需求和情緒，其實和父母從小被如何對待有關。所以，有些父母在孩子哭泣時會撫慰孩子，而有些父母卻在聽到孩子哭泣時感到焦慮、生氣與煩躁。

就像前面所提到的，**覺察就是改變的第一步，當你意識到自己的童年如何用各種形式印刻在你的身上，你就能改變。**只要開始覺察，就能夠幫助自己和孩子形成更良好的親子關係。

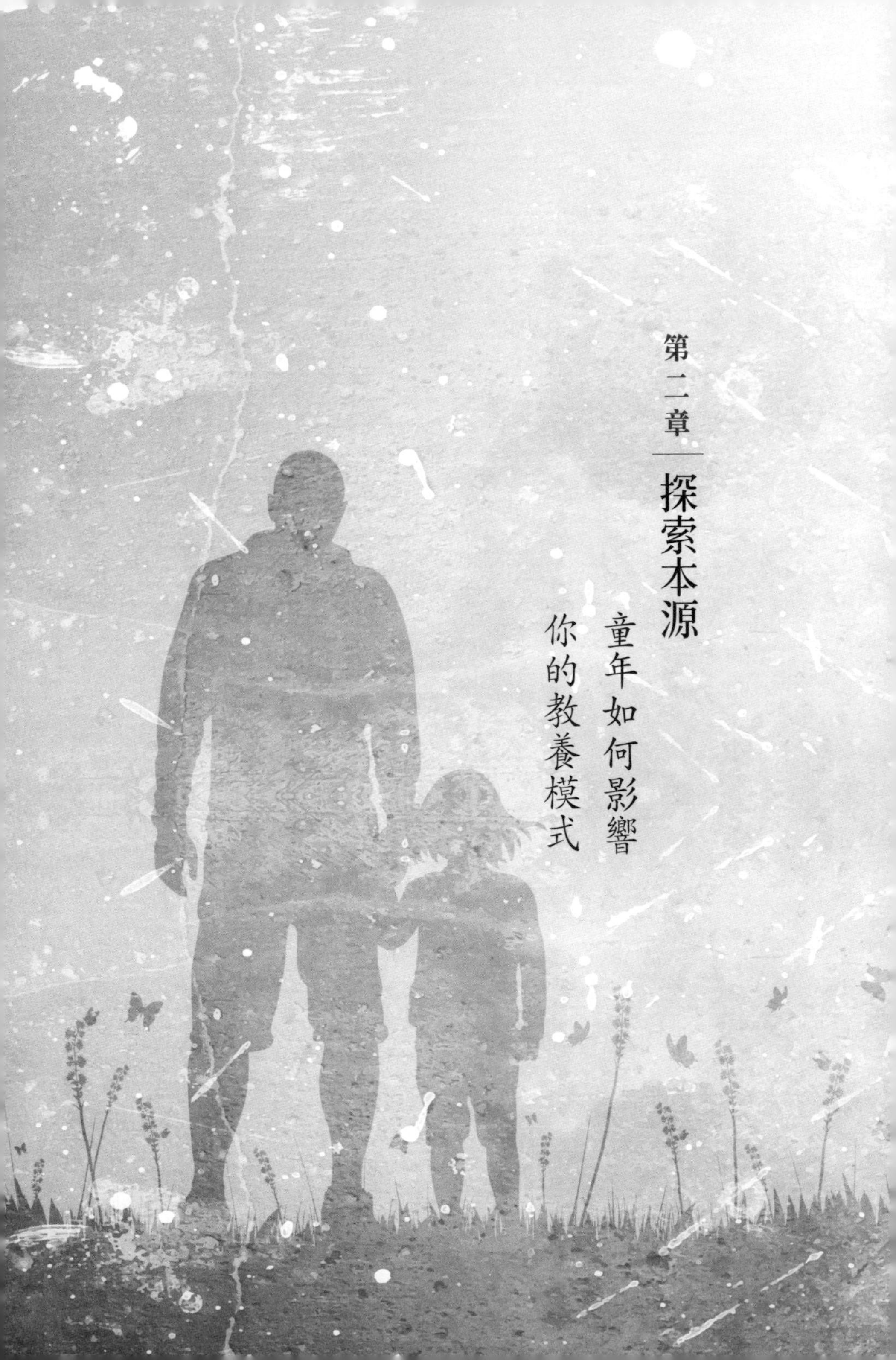

第二章

探索本源

童年如何影響你的教養模式

每一個父母，都曾經是個孩子。我們在原生家庭受到的傷害，會改變我們的大腦神經迴路，讓我們不自覺的複製了原生家庭的傷害，用我們不喜歡的，甚至是極力避免的方式對待孩子。

本章將會徹底探究「童年經驗如何影響了你的教養模式」、了解自己的行為「對孩子造成了哪些影響」，當我們看見這些傷害，就能避免、降低自己成為孩子惡性壓力的來源。

1 童年如何影響你的教養模式

如果你已為人父母，請想像一下：有一台隱形攝影機跟著你一個星期、每天二十四小時拍攝你和孩子的互動狀況。當你觀看這段影片時，你會怎麼形容鏡頭裡的「你」？你會如何描述鏡頭裡呈現的親子關係？你又會如何形容影片中的這位爸爸或媽媽呢？如果把影片拿給陌生人看，你覺得他會如何形容影片中的這個家庭呢？

無形中複製的親子關係

沒有人一生下來就知道怎麼當父母，很多人是在孩子出生後才開始學習如何教養孩子。但是，如果沒有留意「我們對待孩子的方式」，很可能會無形中使用熟悉的那套方式：刻印在我們身上的童年印記，也就是原生家庭的教養方式。

舉個常見的例子：小女孩在公園玩耍時，玩具被另一個孩子搶走。小女孩很難過，跑去找媽媽，但媽媽卻生氣並不耐煩的對她說：「這有什麼好哭的，真沒用！」、「哭什麼哭，不准再哭了！」或者，媽媽大發雷霆的罵：「妳怎麼這麼笨？東西還被搶走？」然後在公園裡對那位搶玩具的孩子大聲咆哮，憤怒的拉著小女孩的手離開。

不管媽媽用上述哪一種方式回應，小女孩感受到的是：「我的情緒不被接受」、「不可以有情緒」、「有情緒會讓媽媽更生氣」、「我有情緒時，媽媽就會對我失望」，而媽媽會這樣對待小女孩，或許和她的童年經歷有關。

小女孩的外公在車禍中意外喪生，外婆必須一個人撫養五個孩子。外公意外去世後，外婆承受不起這樣的悲傷與經濟重擔，精神情緒起伏很大，有時候整天躺在床上睡覺、有時候會無緣無故對小女孩的媽媽大吼大叫，罵她是笨蛋、指責她：「都是因為妳，爸爸才會去世。」

當時小女孩的媽媽只有九歲，是家中大姊，必須承擔起照顧弟弟妹妹的責任。媽媽在成長過程中，需要隱藏自己的各種情緒，如果外婆看到自己在哭，就會加以嘲笑或指責。於是，媽媽開始封閉情緒，更不知道要怎麼處理各種感覺。

無意中，媽媽也用了同一套方式對待小女孩，因為**童年時期只要有情緒就會被指責，所以媽媽沒有機會學習如何調節自己的情緒，也無法面對別人的情緒**。所以，每次看到小女孩難過哭泣時，媽媽就身體緊繃、心跳加速、煩躁的感覺快要把她壓垮，於是對著小女孩大吼：「不准再哭了，怎麼這麼沒用！」

大腦科學實證：教養方式，代代遺傳

如果以大腦科學來解釋，教養的確是以某種方式在世代間「遺傳」。小女孩的媽媽從小歷經母親言語暴力、精神不穩定、父親車禍意外去世等等負面童年經驗。長期生活在這樣的惡性壓力下改變了她的大腦，使她容易衝動反應、無法調節情緒，這樣受創的大腦，讓她更無法適當回應女兒的需求，於是，媽媽打罵、吼叫、羞辱小女孩。

在媽媽情緒傷害下長大的小女孩，大腦也因為惡性壓力而改變。當小女孩長大、生下自己的孩子後，聽到孩子的哭聲也可能有焦躁的情緒、看到孩子難過，也不知道該如何面對，因為在她的成長過程中，沒有學會如何面對和調節情緒，為了趕快停止孩子的哭聲，於是她對孩子大吼：「不准哭！」、「我數到三，再哭我就打你！」若她的孩子在成長過程中不斷受到這樣的惡性壓力，長大後也可能不自覺把這樣的傷害傳給下一代。

這就是教養在世代間遺傳的例子，在諮商過程中，我也看過許多父母無意識的用以往被自己父母對待的方式教養孩子，變成孩子惡性壓力來源。除此之外，也有研究指出教養方式會傳給下一代。

有個研究共追蹤了三個世代的父子。一開始，研究人員篩選了約兩百位九歲男童，檢視這些男童與父親之間的關係，以及父親的教養方式。接著一路追蹤這些男童成年、結婚、生子，並研究這些男童成為父親後的教養方式。

研究顯示，如果男童的父親使用正向管教——給予孩子溫暖、一致性、積極參與孩子的生活、在處理事情上不激烈反應，男童較容易適應青春期。不僅如此，當男童成為父親後，也會使用正向管教方式對待兒女，他們的子女在正向管教之下也表現得比較好。

家庭傷害，不是從你開始

不管是前述的小女孩，還是三世代父子研究，都告訴我們：如果父母沒有覺察到原生家庭的影響，很有可能用相同的方式教養下一代。孩子藉由原生家庭來理解這個世界、用自己被愛的方式來愛其他人、從爸爸或媽媽平撫情緒的方式學習如何自我調節以及面對情緒、從親子關係中認識人際關係。原生家庭的影響非常大，而且不只影響你，還會影響你的下一代、下下一代……。

研究家族創傷的美國治療師馬克・屋林（Mark Wolynn）的著作《這不是從你開始》（*It Didn't Start With You*）就是要表達原生家庭的傷害不是從你才開始。你的媽媽會這樣對待你，有很大的機率是她在小時候也被外祖父母用同樣的方式對待，而外祖父母對待媽媽的方式，可能來自曾外祖父母。

不管是前述的小女孩或女孩的媽媽，都只是家庭創傷遺傳中的一環，她們只能用有限的方式和能力對待下一代。

原生家庭的傷害，不是你的錯

本章一開始，請你想像有台隱形攝影機二十四小時跟拍你，錄下你和子女的互動，然後請你用第三者的角度觀看這段影片。現在，回想原生家庭裡的親子關係，再看看你與孩子間的互動，有沒有看到相似的畫面呢？

如果你和孩子的相處模式和自己的原生家庭類似，也不要太訝異，因為大部分的人都是用自己所熟悉的方式教養下一代。做家庭諮商時，我會請家長做個小活動：「請回想你的原生家庭，然後找出三件你想沿用在現在家庭中的事情，另外，再找出三件想要丟掉、不帶進現在家庭裡的事情。」接著，我會請家長互相討論原生家庭對自己的影響，以及如何影響現在的家庭。你也可以和另一半做同樣的活動，一起思考、討論各自的原生家庭如何影響你們所組成的家庭。

請記住，在原生家庭中受到傷害不是你的錯，也不是你的問題，更不是從你才開始，這是從你的上一代、上上一代遺傳下來的。但是，**你有辦**

法終止這個循環、停止複製原生家庭裡的教養方式。

覺察就是第一步，意識到原生家庭的影響，就可以阻止創傷遺留給下一代，給你的孩子更好的原生家庭。

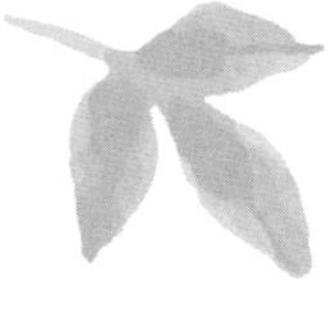

2

孩子，我不是故意要傷害你

我諮商過許多孩子、青少年和大學生，他們的許多痛苦來自父母、原生家庭。他們被親生父母或親戚性侵、受到肢體和言語暴力、目睹家暴、每天被父母貶低嘲笑或是處處被批評；他們經歷父母離婚，或是父母有心理疾病、酗酒、毒癮而疏於照料。

年幼的孩子無法用言語表達這些傷害，只能用許多問題行為表現出來；年紀較大的青少年則一次又一次的在諮商室中哭著告訴我：「為什麼媽媽總是沒有辦法理解，她不知道這樣做很傷人嗎？」、「為什麼爸爸總是批評我，我什麼都做不好，到底要怎麼做才會讓他滿意？」

在諮商過程中，我也嘗試和父母溝通，但是常常碰到令人氣餒的狀況，像是爸爸或媽媽認為：「都是孩子有問題，我才沒有問題。妳趕快治好我的孩子！」父母不願意參與諮商療程，只想要我趕快「改變」孩子，甚至抱怨：「怎麼諮商兩個月了還沒有改變？」然後氣得不再讓孩子接受心理諮商，也不再回覆我的電話和訊息。

聽到個案描述家裡帶來的傷害，或是碰到讓人氣餒的父母時，我的心裡也會產生許多負面情緒，也常常在想：「這些父母為什麼會這樣？」、「怎麼會有這麼糟糕的爸爸媽媽？」直到有一天，我的督導問我：「妳覺得，這些父母是故意的嗎？」

沒有父母會故意破壞孩子的童年

「什麼樣的父母會故意讓孩子受傷害？」諮商時，我常常問自己這個問題。

有一次，我翻到一對姊弟的檔案，這兩個孩子一個五歲、一個七歲，都有非常嚴重的情緒與行為問題。因為被染有毒癮的媽媽嚴重疏忽、被媽媽的男朋友虐待，姊弟倆已經待過好幾個寄養家庭。翻閱資料時，我心裡想著：「什麼樣的媽媽會讓孩子變成這個樣子？」

接著，我翻閱了這位媽媽的檔案。我發現，這位媽媽的成長過程也經歷過許多創傷，包括多次被性侵、毆打、待過多處寄養家庭，最後逃家在街頭流浪。看著這位媽媽的資料，再看看孩子的檔案，我看到家庭創傷的世代遺傳在薄薄的幾張紙上一一列出來。我想起督導的話：「妳覺得，這些父母是故意的嗎？」

誰會故意傷害孩子呢？我想應該沒有人吧！我的督導經歷過三十多年

的兒童、家庭諮商經驗，她從來沒有見過故意傷害孩子的父母親。這些父母用成長過程中的經驗對待自己的下一代，因為這是他們僅知的教養方法，就像這對姊弟的母親，用唯一熟悉的方式養育孩子。她愛孩子，也想把孩子從寄養家庭中接回來，但是她正不自覺的將自己的童年複製在孩子身上。

家庭裡的傷害往往世代相傳，**很多時候，父母用不適當的方式對待孩子，因為自己小時候也被這樣對待、也受過傷害。唯有被好好愛過的孩子，長大後才有能力好好愛別人。**

當然，這位母親的案例比較極端，你可能會說：「我小時候沒有被性侵，也沒有到處流浪，我的童年沒有任何創傷吧？」很多人聽到「創傷」兩個字會聯想到許多「看起來嚴重」的創傷事件，像是天災、失去家園、被搶劫，或是被性侵害……。但是，很多父母對待孩子的方式也會造成傷害，像是對孩子吼罵、恐嚇；把孩子關在家門外，讓孩子活在被拋棄的恐懼中；威脅孩子：「你再這樣我就要叫警察把你抓走！」；父母親情緒不穩，孩子每天都在害怕會不會下一秒又被責罵；父母親對孩子處處挑剔，孩子覺得「爸媽不愛我」、「我永遠不夠好」……。這些看似「教養」的行為，卻可能讓孩子無時無刻恐懼、焦慮、沒有信心、認為自己毫無價值、無法面對並處理情緒，或是當情緒來臨時訴諸激烈的方式來麻痺自己的情緒。

童年傷害不是從你開始，但是可以從你開始改變

我相信，世界上沒有故意要傷害孩子的父母。當父母沒有好好檢視自己的童年時，常常會不自覺用自己熟悉的方式教育下一代，造成家庭創傷的世代相傳。

在惡性壓力下長大的孩子，因為環境中充滿威脅與危險，讓身體一直處於「反擊或逃跑」的備戰模式——身體和大腦習慣用情緒或是劇烈方式回應，也無法辨識自己的感覺和調節情緒。當他們成為父母後，可能較無

法適當回應孩子的需求和情緒，或是更容易在衝動下回應孩子，像是在生氣時打罵孩子、說出傷害的話語。

回顧童年，你或許會意識到自己並沒有被好好對待。童年傷害並不是從你才開始，因為，父母會這樣對你，很有可能他們以前也被這樣對待。但是，童年傷害可以在你這裡停止，請記住，你就是你孩子的原生家庭，你提供孩子的成長環境決定了孩子的ＡＣＥ分數、將來的身心健康、工作成就、親密關係……這不僅僅影響你的下一代，還影響到接下來的每一個世代。

3 你就是你孩子的原生家庭

在閱讀本章之前，先邀請你做個小活動。

請花幾分鐘時間，把眼睛閉起來，想像時光飛逝二十年，有一天，孩子回家探望你，想像孩子二十年後的樣貌：孩子會跟你說些什麼？他過著什麼樣的生活？開心嗎？喜歡現在的工作嗎？他是個什麼樣的人呢？他的朋友或伴侶又會如何形容他？

在你心中，孩子的未來是什麼樣子？

當父母是個充滿挑戰的工作。做兒童諮商時，我也遇過許多焦慮的家長問：「我該怎麼做？」、「要怎麼教孩子？」市面上有著琳琅滿目的教養書，指導父母應該要如何教育孩子。但是，先不管這些教養書怎麼說，我先問一個最重要的問題：「你希望孩子將來成為什麼樣的人？」

在你心中，孩子的未來會是什麼樣子呢？充滿自信、能夠面對挫折與困難、能夠解決問題、有責任感、有自己的興趣與專長、有良好的人際關係與親密關係、身體健康、穩定工作、尊重並樂意幫助他人、擁有快樂的人生……。大多父母都希望孩子將來可以擁有這些特質，但是，在教養過程中，我們又花了多少時間幫助孩子培養這些特質呢？

如果成長過程中，我們只要求孩子「聽話、成績要好」，那麼，我們又怎能要求孩子在成年時立刻變得獨立自主、能批判思考、能處理自己的情緒與挫折、還能找到自己的專長與興趣呢？

你提供給孩子的原生家庭，塑造他成爲什麼樣的人

你的原生家庭塑造了你，同樣的，你也影響著孩子的將來。

心理諮商時，我看到許多個案沒有自信、覺得自己永遠不夠好、受到焦慮症與憂鬱症的困擾、覺得自己很沒用、不值得被愛、受到挫折時會覺得世界要毀滅了、無法有穩定的親密關係，也無法處理自己的負面情緒……。這些痛苦的根源大多來自過去的創傷，很多時候來自他們的原生家庭。

不僅在諮商經驗中看到，前面提到的ＡＣＥ研究也印證了童年惡性壓力對身心的影響。ＡＣＥ研究指出，童年時期經歷越多傷害的人，成年後得到身心健康問題的機率就越高。

這些傷害不僅僅是「看起來嚴重」的創傷，一些看似父母的管教方法，像是長期貶低、辱罵孩子、讓孩子相信「我就是笨」、「我很醜」、「我不值得被愛」、「我永遠不夠好」等等，其實同樣嚴重。甚至，從

ACE研究中發現，父母長期侮辱孩子、讓孩子覺得丟臉，這樣的情緒傷害比起其他童年負面經驗，將來得到憂鬱症的比率更高。

不僅是身心健康狀況，親子關係也會影響孩子長大後的親密關係。曾有研究請七十三位成年受試者檢視他們與父母間的關係，然後檢測這些受試者與伴侶間的互動狀況。結果發現，若父母提供溫暖支持的童年，孩子在親密關係中較快樂，也較有能力解決親密關係裡的負面情緒、處理衝突。相反的，若童年時期沒有和父母形成安全型依附關係，這些人在愛情中較無法處理自己的負面情緒和衝突。

這些研究都在告訴家長，你的言行舉止、親子間的依附關係，都無形的影響著孩子。那麼，你想要給孩子怎麼樣的童年呢？

了解自己的行爲對孩子的影響，就能爲他提供更健康的童年

你就是你孩子的原生家庭，你對待孩子的方式、對孩子說的話，都會

影響孩子的未來。讀到這裡，你可能會很緊張：是不是一旦做錯了什麼事情，就會對孩子造成嚴重影響？是不是當父母就必須完美？但是，世界上沒有完美父母，每個人都會犯錯，犯錯是很正常的事情。所以，你不需要當完美父母，只要「盡力」當個父母就好，那麼，什麼是「盡力」呢？

在教養上「盡力」就是成為「有意識」的父母——每一次回應孩子前能夠意識到，你接下來要對孩子說的話或做的事會對孩子造成哪些影響？**了解自己的行為對孩子造成的影響，就能降低自己成為孩子惡性壓力的來源、減少傷害，並且提供孩子更健康的童年。**

練習 2

想像孩子未來的模樣

請想像時光飛逝二十年，有一天，你的孩子回家探望你的情形：

1. 孩子會跟你說什麼？

2. 孩子過著什麼樣的生活？

3. 孩子現在過得開心嗎？

4. 孩子喜歡自己現在的工作嗎？

5. 孩子是什麼樣的人呢？

6. 孩子的朋友或伴侶會如何形容他？

4 停止複製原生家庭的教養觀

如果你生活在充滿傷害的原生家庭，如果你的ACE分數還算高，恐懼與悲傷可能正席捲著你，認為童年經驗已經決定了自己的一生，改變了你的大腦結構和身體壓力反應。

你可能會擔心：「我的童年創傷經驗會不會讓我成為糟糕的父母？」、「我會不會跟我的爸爸或媽媽一樣？」、「我會不會給孩子充滿惡性壓力的生長環境？」

我們無法改變自己的原生家庭，但是可以改變孩子的原生家庭

或許，你會發現自己正在複製原生家庭中的負面教養方式、意識到原來你正是孩子惡性壓力的來源；或是孩子已經長大、進入青春期或成年，而你意識到自己已經給他們充滿惡性壓力的童年。你可能會焦慮，想說：「完蛋了，原來我是個糟糕的父母！」

這些焦慮和擔心都是非常正常的情緒，請先做幾次深呼吸。

好消息是，你仍然可以改變、學習如何停止複製原生家庭的教養方式、了解如何提供孩子更好的原生家庭。如果你已經造成傷害，就算孩子已經成年，還是有機會和孩子談論這些過去。你可以改變、修補親子間的關係，一切都來得及。

如果你讀到這裡，出現這些焦慮和擔心的情緒，表示你意識到這些事情。你該感到開心，因為覺察正是改變的第一步，你正在往改變的道路前進。這本書就是要幫助你改變，幫助你了解如何提供下一代更好的原生家

庭，因為，你就是你孩子的原生家庭，而你提供的原生家庭決定了孩子成為什麼樣的人。

理解過去，你就能夠改變

前幾章提到的ＡＣＥ研究、腦神經科學、依附理論、教養遺傳研究都是在幫助你了解：「現在的我是怎麼來的？」我一直相信知識可以成為力量，當你開始理解，就能改變。你開始了解自己並不糟糕，也不是「有問題」，因為童年傷害或許可以解答許多情緒困擾和感情糾結問題。

理解過去非常重要，當然，這並不是要你把所有問題都歸咎於你的父母，畢竟父母也可能是家族創傷遺傳中的一環，他們只能用有限的方式和能力對待你。你不需要立刻原諒父母，在心理諮商工作中，我看到許多個案由於上一代的關係而悲痛、焦慮，這樣的傷害需要長時間細細修復。但是，你可以改變自己，改變不但能影響你給孩子的原生家庭，還會影響將來的每一代。

理解過去就能影響你和孩子間的依附關係。研究顯示，孩子需要與主要照顧者建立「安全型依附關係」，將來才有良好的親密與人際關係。但是在美國，只有約一半人口擁有「安全型依附關係」，也就是說，美國約有一半人口有「不安全型依附關係」。這就表示，很多人因為童年不安全型依附關係，影響了成年後的各種人際關係，不僅如此，他們也會把這樣的「不安全型依附」傳給下一代。

但是，就像我一再提到的，你有辦法改變，而且改變的第一步就是覺察過去，並且理解。**「成年人依附關係訪談」**（Adule Attachment Interview）研究成年人如何看待自己的童年、和父母之間的關係，以及如何解讀童年發生的事情。研究人員分析這些受試者如何回答，並從中了解一個人如何理解過去，譬如，有些人可以侃侃而談他們覺得父親做哪些事情不恰當、對他造成哪些影響；而有些人聽到問題時，只能搖搖頭說：「我不知道。」

當這些受試者生兒育女後，研究人員再去檢視受試者和孩子間的依附關係。結果，藉由受試者的回答方式，也就是如何理解過去，可以預測他們和孩子形成哪一種類型的依附關係，準確率高達百分之八十五。結果顯示，若受試者能理解過去，就能與孩子形成安全型依附關係。正如美國精神科醫生丹尼爾‧席格（Daniel Siegel）所說：「你如何理解過去，比發生的事件本身更重要。」

這個研究告訴我們，如果父母親願意花時間思考、覺察和理解童年經驗，就是在幫助你的孩子。

斷開世代的傷害枷鎖

本書開頭前兩章就是在幫你覺察並理解童年經驗造成的影響，而「覺察」正是改變的開始。近年來，腦科學研究竄起，讓我們理解：大腦具有可塑性、可以改變。改變的方式很多，包括飲食、運動、情緒、思想、經驗、心理諮商或是習慣等等，都在形塑你的大腦。

本書的主要目的是幫助你改變，讓孩子有更好的原生家庭。但是，要有良好的原生家庭，第一步就是覺察和理解你自己的原生家庭。

閱讀這幾章時，或許你的心中已經開始理解哪些行為可能是由童年經驗塑造。但請記得，這些理解無法一蹴可幾，或許接下來你還會覺察到不同的事情，把過去和現在連結起來。所以，多花時間思考自己的原生家庭，就有機會覺察到更多東西。

接下來，我會解釋哪些言行會成為孩子的惡性壓力，並在本書的第二部提供改變的方法。當你覺察與了解後，就可以開始改變，學習用更正向的方式給孩子健康的原生家庭。

你就是你孩子的原生家庭，而你的改變不只影響你的孩子而已，還有接下來的世世代代。

第三章——當管教成為傷害

打罵教育、直升機父母的危害

打罵、批評、高度控制孩子的生活，這些我們習以為常的教養模式，其實正一步步傷害孩子的自尊心、破壞孩子未來的生存能力、情緒調節能力。

孩子的大腦尚未發育完成，如果我們沒有引導孩子用適當的方式調節自己的情緒，經常被情緒掌控自己的行為能力，就無法發展獨立思考能力。

本章會由大腦構造講起，認識孩子的大腦發育，當我們了解這些「教養方式」對孩子的傷害，就能避免傷害。

1

從孩子的大腦結構，了解教養模式對孩子的影響

做兒童諮商時，家長或老師經常詢問各種問題，像是：「為什麼他不能控制情緒？」、「為什麼生氣的時候就打人哭鬧？」、「他都不肯收玩具，我叫他就會生氣的大聲吼叫，怎樣才能讓他聽話？」

回答這些問題，就要從大腦介紹起。大腦，這個神祕又複雜的器官和我們的日常生活息息相關——孩子能不能做出更適當的決定、能不能想到行為帶來的後果、能不能產生同理心、在生氣或是受挫時會怎麼反應、能不能控制衝動等等，都是由大腦控制。

孩子的大腦發展順序：情緒腦→理智腦

認識大腦的第一步，要先了解大腦如何發育。大腦由下往上發育，最下方的區塊先成熟，再慢慢往上發展，就像蓋房子，先打好地基再慢慢往上蓋。大腦最下層稱為「腦幹」，掌控基本生存功能的區塊，像是呼吸、心跳等等；人類一出生，腦幹就完全成熟，能夠掌控基本生存本能。腦幹上方是「邊緣系統」，包含杏仁核和海馬迴，用來處理情緒，因此又稱為「情緒腦」。嬰幼兒的情緒腦已經開始運作，能夠感受到危險、威脅、害怕等等情緒。大腦最上層則是「皮質區」，又稱為「理智腦」，負責我們希望孩子能夠學會的事情，像是做決策、思考、計畫、情緒調節等等。

但是，就像前面所提的，孩子的大腦就像施工中的房子，正由下往上慢慢蓋。位於下層的腦幹和情緒腦已經蓋完，可以完全發揮作用，但是最上層的思考腦還沒蓋好。儘管我們希望孩子三思而後行、生氣時能夠調節情緒而不是衝動打人、緊張時能做點深呼吸而不是大聲哭鬧，但是，**孩子**

的大腦還沒完全成熟，無法完整發揮，父母不能期待孩子像成人一樣成熟處理這些事情。

下層腦掌控情緒，上層腦掌控思考與決策

美國精神科醫師丹尼爾・席格用一棟雙層樓房來描繪大腦，房子的一樓通常是滿足生活基本需求的地方，像是廚房、客廳、餐廳。因此，「大腦房子」的一樓稱作「下層腦」，包含腦幹和情緒腦，負責人類基本生存功能以及情緒；「大腦房子」的二樓則是「上層腦」，也就是思考腦，負責思考、做決定、情緒調節、道德批判、同理心等等。

還記得前一段說到：孩子的大腦發育就像施工中的房子嗎？他們的下層腦已經成熟，但是上層腦還在慢慢架構，所以**為什麼孩子生氣時就丟東西、受到威脅時就咬人或是大聲哭鬧？因為很多孩子，尤其是嬰幼兒，他們的行為仍由下層腦掌控。**

上層腦會在成長過程中慢慢成熟，大腦前額葉甚至要到二十五歲才能夠完全成熟。因此，孩子做決策時比較無法通盤思考、無法調節情緒、思想非黑即白等等。

既然父母希望孩子學會的特質都由上層腦掌控，若上層腦還沒發育成熟，該怎麼辦？

父母的教養方式決定孩子的行爲模式

首先，大腦發育並不是一瞬間完成，所以，孩子並不會在滿二十五歲時突然變成能夠獨立思考、做縝密決策、可以調節情緒或是具有同理心。大腦是可塑性很高的器官，孩子感受到的每一段經驗、所做的事情都會影響大腦發展。此外，就像鍛鍊身體肌肉，越常使用的大腦部位就會越強壯，也就是說，越常做的事情，大腦神經迴路連結就會越強烈，事情就能越做越好。

大腦就像一棟雙層樓房，樓上和樓下分別住著不同的人。房子一樓的居民負責人類基本生存功能以及情緒，是「下層腦」，包含腦幹和「情緒腦」；房子二樓的居民則是掌控思考、做決定、情緒調節、道德批判、同理心等等，是「上層腦」，又稱「理智腦」。
（插畫提供：Jenny Chen）

情緒失控時，大腦房子會被掀起來，大腦被樓下的人占領了！因此，當孩子被「下層腦」，也就是「情緒腦」掌控時，孩子便無法理性思考、調節情緒。
（插畫提供：Jenny Chen）

既然每段經歷都會影響大腦發育，父母就要注意了——我們對待孩子的方式、管教方法都會決定孩子使用上層腦或下層腦，然後決定他們哪一部分的大腦區塊會越用越強壯。如果你希望孩子能夠解決問題、思考、計畫、調節情緒，那麼，在孩子成長過程中，就需要教育孩子如何思考、如何處理情緒，並且提供機會讓孩子運用上層腦，練習這些技能。因為，上層腦需要鍛鍊才會越強壯，如果孩子完全沒有機會練習使用上層腦，就算滿二十五歲了，他還是無法好好思考與調節情緒。

同樣的，如果父母所使用的教養方式不斷啟動孩子的下層腦，那麼，下層腦也會越用越發達，孩子更習慣直接使用下層腦來面對事情，像是在衝動下做決定，或是用劇烈的情緒或行為回應。

接下來，我會談到父母各種言行造成的影響。在閱讀時，請你把上層腦和下層腦的概念放在心中，在讀每一章時想想看：這些管教方式是讓孩子使用「上層腦」還是「下層腦」呢？

2

打罵、恐嚇、威脅
只會不斷啟動孩子的下層腦（情緒）

「我數到三，你再不過來我就要打你了！一、二、三……。」

「你再哭，我就叫警察把你抓走。」

「你再繼續吵，我就把你留在這裡，不要你了！」

被罵、被恐嚇、被威脅，這些話對很多人來說都不陌生，許多人在成長過程中也被這樣「嚇大的」，但是，這些話真的有用嗎？父母威脅、恐嚇孩子，又會造成什麼影響呢？

當大腦感到危險時，身體就會進入「反擊或逃跑」模式

前一章談到，如果希望孩子有思考、批判的能力，父母就要讓孩子有機會使用上層腦。這麼說，可能會讓你誤以為下層腦不重要，事實上，下層腦也非常重要，它能讓我們應付緊急狀況。

請回想一下，你是否曾遇過：夜晚單獨在外走動時，突然聽到奇怪的聲音。這時，你立刻感到心跳加速、全身肌肉緊繃、害怕與恐懼。接著，你了解剛剛的聲音只是風吹動樹枝，並沒有危險，於是心跳緩慢下來，沒有那麼害怕了。

大腦杏仁核就像個「煙霧偵測器」，隨時偵測周遭環境有沒有危險。當你在寧靜的夜晚獨自行走，聽到奇怪聲音的瞬間，大腦杏仁核偵測到危險，就會傳遞訊息讓身體立刻進入緊急備戰狀態。於是，你心跳加速、血壓上升、呼吸急促；隨著大量壓力荷爾蒙的分泌，促使你精神亢奮、應付危險，這就是所謂的「反擊或逃跑」模式。

杏仁核偵測到威脅，然後進入「反擊或逃跑」模式的路徑非常快速，因為大腦存在的最重要目的是幫助你存活，所以，只要有任何威脅都要立刻準備好、面對危險。你可能還沒有理解發生了什麼事，但是身體已經進入緊急備戰狀態。

然後，當你了解剛剛的聲音只是風吹動樹枝而已、沒有危險，這樣的理性了解是上層腦的工作。杏仁核偵測到威脅後，也會傳遞訊息給上層腦，讓上層腦判斷發生了什麼事情，但是這條路徑的傳遞速度比較緩慢。當上層腦判斷出沒有危險後，就能夠啟動身體放鬆模式，讓你肌肉放鬆、心跳速度和緩、呼吸不再急促。

用開車比喻，大腦感受到威脅而進入「反擊或逃跑」模式就像踩油門，讓你不斷加速往前衝；而身體啟動放鬆模式就像踩煞車，讓你緩慢下來。開車時，踩油門和煞車間的平衡非常重要，如果不斷踩油門而沒有煞車，就會出問題。

當孩子被下層腦掌控，就錯失了練習思考的機會

感覺到危險與恐懼時，就會啟動下層腦，讓身體進入「反擊或逃跑」模式。當下層腦被啟動時，上層腦便無法運作，也就是說，被情緒掌控時，人是無法思考的。於是，當家長打罵、恐嚇、威脅孩子時，孩子的大腦杏仁核接收到的訊息是「有危險」，於是，身體進入「反擊或逃跑」模式。這時候孩子被情緒掌控，上層腦無法運作、沒有辦法思考。

很多家長都會跟我說：「孩子不乖、不聽話、亂打人、頂嘴、玩具都不好好收、一直哭鬧尖叫，我才會這樣罵他。如果一開始就能乖乖聽話，我就不需要這樣恐嚇他了！」的確，一天當中總是有那麼多時刻，當你已經身心俱疲，孩子卻做出許多和你預期內相反的事情。請他把玩具收好，他卻把更多玩具倒出來；告訴他要去洗澡了，他卻開始哭鬧尖叫說不要；叫他要好好對待妹妹，他卻故意害妹妹跌倒……。

我常常跟父母解釋，**孩子出現行為問題時，大多是因為被某些情緒困**

擾，可能是生氣、覺得不公平，或是焦慮、恐懼，但是孩子**不知道要如何調節情緒，也不知道如何表達，只能用行為表現出來**，於是他尖叫、哭鬧、打人、推人。

當孩子出現失控行為時，就是被下層腦掌控了。這時候，如果家長用打罵、恐嚇、威脅的方式對待孩子，只會讓孩子更恐懼害怕，加深下層腦的活化，於是，孩子更沒有機會使用上層腦。

同理＋情緒辨識，幫孩子啓動上層腦

當孩子被下層腦掌控時，父母應該幫助孩子啟動上層腦，一旦上層腦開始運作，孩子才能開始思考自己的行為、調節情緒。讓孩子了解為什麼這樣做不對，這才是管教的目的。

幫孩子**啟動上層腦的方法**很多，其中一個簡單方法就是**讓孩子辨識現有的情緒**。這時候父母要做的就是**同理，並且幫助孩子辨識情緒**，像是跟孩子說：「他把你的東西搶走，你現在一定很生氣吧！」或是問問孩子：「他這樣說，你有哪些感覺？」當孩子感覺到被了解、開始辨識自己的情緒，就可以啟動上層腦、開始思考。

大腦是可塑的，越常使用的部分就會越強壯。如果希望孩子能夠成為會思考、會調節情緒的人，就要經常幫孩子活用上層腦。打罵、恐嚇、威脅只會不斷活化孩子的下層腦，讓孩子沒有機會練習思考與情緒調節。在台灣，許多父母也不擅長和孩子表達自己的情緒，因此，幫孩子辨認並談論情緒是父母必須經常使用的教養練習。

3

再「適當」的體罰管教，都只會對孩子造成負面影響

你可能會認為，父母自己情緒失控、用打孩子來發洩情緒，才會讓孩子身體留下疤痕、心靈受創。但是如果用理性、平和的方式打孩子呢？我們又不會讓孩子受傷！其實，這種「適當體罰」也會造成負面影響。

所有研究都顯示：體罰的負面影響跟肢體虐待差不多

寫這篇時，我特地查了「適當體罰」這個詞彙，搜尋後也沒有找到「適當體罰」的定義，所以本篇提到的「體罰」指的就是使用體罰管教孩子、想要改變孩子行為的方法。因為情緒失控打傷孩子則是稱作「肢體虐待」，屬於兒童虐待的一種，並不稱作「體罰」。

所以，體罰有什麼影響？我們先來看一下研究怎麼說：

關於體罰，最新的研究是二〇一六年發表的〈體罰與兒童發展最新分析〉（Spanking and Child Outcomes: Old Controversies and New Meta-Analyses），研究人員分析歸納過去五十年來關於體罰的研究，對象包含超過十六萬位孩童。研究結果顯示——父母使用體罰來管教孩子，只會對孩子造成負面影響，這些影響包括：

1. 暴力傾向升高。

2. 反社會行為較高。

3. 可能會產生更多行為問題。

4. 有嚴重的心理情緒問題。

5. 親子關係較差。

6. 認知能力和自尊心較低。

7. 成年後支持體罰比率較高。

研究結尾處寫道：研究結果顯示，體罰對孩童沒有任何正面影響。

參與這項研究的美國德州大學奧斯丁分校教授伊莉莎白・葛秀芙（Elizabeth Gershoff）在接受採訪時也提到：「社會大眾都認為體罰和肢體虐待不一樣，但研究顯示，**體罰造成的負面後果和肢體虐待差不多，只是程度稍微輕一些而已。」**

體罰或許可以讓孩子在短期內服從你的指令，但除此之外，只會造成負面影響。很多父母都是從小被打大的，所以體罰對你來說或許是個熟悉的管教方式。你可能也會覺得：用打的很有效，而且孩子也看不出有什麼負面影響。但請記得，父母對孩子的傷害或許不會立刻顯露出來，但是這些傷害可能會在孩子心裡累積，衍生出許多問題。

打一巴掌再給一顆糖反而更糟

很多人覺得，打完孩子後再變回溫柔、充滿愛的父母，安撫、抱抱孩子，就能沖淡體罰造成的負面影響。但研究告訴我們，事情可不是這樣。

二〇一四年的研究檢視了八個國家、超過一千位孩子與母親。結果發現，就算是溫柔、充滿愛的媽媽，也無法消除體罰對孩子造成的負面影響。研究員蘭斯弗德教授（Jennifer E. Lansford）解釋：「對於嚴重的體罰，打完後再溫柔的安撫孩子並沒有幫助，反而讓孩子更焦慮。」

蘭斯弗德教授提到，目前還無法清楚解釋：為什麼體罰後再溫暖的撫慰孩子時，反而讓孩子更焦慮。但是蘭斯弗德教授猜想，或許父母同時在孩子身上「加以痛苦」與「撫慰」時，讓孩子太困惑了。這或許也解釋了另一個現象：當父母體罰孩子後，態度較冷淡時，孩子的焦慮程度反而沒有那麼高。

如果以為體罰後多給孩子愛和溫暖，就可以抵消體罰的負面作用，那就錯了。**無論如何修補，都無法消除體罰對孩子的影響。**

體罰只會啟動孩子的下層腦，讓孩子錯失學習機會

還記得前面提到的上層腦和下層腦嗎？體罰時，孩子的大腦會偵測到威脅，然後啟動身體「反擊或逃跑」模式，當身體處在壓力模式之下，上層腦就無法思考。

當**孩子做錯事時，家長的管教目的是幫孩子理解「為什麼做錯事情」**。但是，**體罰會讓孩子的注意力從自己的行為轉移到即將被打而產生的害怕、恐懼情緒**，像是：「不公平，明明就是哥哥先打我，為什麼要懲罰我！」當孩子被情緒占領，就是被下層腦掌控了，你也失去讓孩子思考、學習的機會。

大腦的主要功能就是讓人免於痛苦，於是，為了逃離打罵，孩子可能會想盡辦法避開，於是撒謊、躲藏、在遇到困難時寧願身處危險，也不願意告訴父母。如果孩子因為害怕打罵不敢在需要幫助時跟父母求助，那麼，父母就錯失許多幫助孩子的機會。

除此之外，孩子有權利免於任何形式的暴力。體罰教給孩子的觀念就是：你可以用暴力解決事情，尤其是面對比你弱小、無法抵抗的人。**體罰就是向孩子示範如何使用暴力，所以孩子也會用暴力解決問題。**

父母也會被下層腦掌控，對孩子做出衝動行爲

不只是孩子，有些時候，大人也會被下層腦掌控，這是很正常的事情。我常常提醒個案的父母：「你被下層腦控制了嗎？」

被下層腦掌控時，你也會被情緒牽著鼻子走——吼罵孩子、丟東西、甚至舉起手要打孩子。

若意識到自己被下層腦控制時，你要做的事情也是幫助自己啟動上層腦。前面提到的辨識情緒法對大人也有用，你可以覺察自己的情緒，並且幫這些情緒命名，像是對自己說：「我現在覺得很生氣。」另一個簡單的方式就是做三到五次深呼吸，請把手放在肚子上，慢慢吸氣四秒鐘，感受到肚子往外膨脹，然後吐氣八秒鐘，感受肚子往內縮。吐氣的時間要比吸氣的時間長，才能傳遞訊息告訴大腦：現在沒有危險，放鬆下來。

當父母被下層腦掌控時，就沒辦法好好思考，也可能會做出衝動的行為。被下層腦控制時，你沒辦法當一位「有意識」的家長，因為你的上層腦無法運作，無法思考你的行為會對孩子造成哪些後果，唯有幫助自己啟動上層腦，才能夠有意識去教養孩子。父母能夠幫助自己啟動上層腦的方法很多，而在這本書第五章，我也會提供父母一些平撫情緒的方法，讓你被下層腦控制時趕快踩煞車。

時常提醒自己：「我被下層腦掌控情緒了嗎？」

4

看不見的傷口：言語暴力反而傷害孩子更深

言語傷害不但沒有教育效果，反而讓孩子長大後，繼續用這些負面核心信念看待、解讀事情。成年之後，孩子可能在親密關係中沒有安全感、工作職場上處處碰壁，或是承受各種身體健康或心理情緒問題。

我曾經諮商過一位美國大學四年級的女孩，她來諮商室時正受到嚴重的焦慮症困擾。她告訴我，上台報告都會讓她恐慌症發作，像是心跳加速、全身冒汗、開始顫抖、覺得自己快要不能呼吸、要昏倒了，原因是她認為台下的人一定會覺得她講得很糟糕、覺得她很差。不僅是課堂報告，面對剛認識的人也會覺得焦慮、覺得每個人都在批評她。升上大學四年級，她開始擔心找工作問題，她寄出很多履歷，但兩個月內並沒有收到任何回覆，於是她就認定：「完蛋了，我一定很爛，所以沒有公司要錄取我！」

某次的諮商過程中，我們談到如果畢業後沒有立即找到工作最糟糕的後果，她說：「如果找不到工作，就必須回家鄉跟爸爸媽媽一起住，這樣，爸媽一定會瞧不起我。」

回顧童年，她有兩個在求學路上非常順利的姊姊，她經常被拿來與姊姊比較：「妳怎麼這麼笨？」、「為什麼姊姊這科拿滿分，妳就不行？」、「姊姊一升上大四就拿到公司錄取信，妳怎麼還沒找到工作？」不僅爸媽數落她，連兩個姊姊也偶爾會嘲笑她，譬如：家族聚會時在所有親戚面前詢問她的期中考成績，讓她當眾出糗。成長過程中被數落批評讓她非常焦慮，也會先入為主的認為「別人一定認為我不好」。因為，從小到大，她都是最笨、最沒用的那個。

情緒傷害，就和肢體暴力一樣嚴重

很多人回顧童年時，覺得自己的童年並沒有什麼創傷，畢竟「創傷」兩個字聽起來很嚴重，好像「看起來嚴重」的事情才算數。或是，你可能會覺得：「比起被暴力相向或是性侵害，我只是被爸媽偶爾嘲笑一下而已，這應該不算什麼吧！」但是事實上，並沒有哪種創傷比較「不嚴重」。

本書第一章介紹的ACE研究詢問了十種創傷經驗，研究人員分析後發現：**每一種創傷造成的傷害都差不多**，並沒有哪種特定的創傷事件「勝過」其他種類。也就是說，不論是被父母羞辱、嘲諷或是家人有酒癮問題，這些惡性壓力所造成的影響，和肢體暴力或是性侵害相似。

相對於較明顯的暴力行為，言語傷害看不見，也常常被忽略，甚至被合理化為管教的手段。

美國一份二〇一四年發表的報告，檢視了五千六百多位青少年，詢問他們過去是否遭受過肢體虐待、性侵害或是情緒傷害。問卷中提到的情緒傷害就是詢問「父母親或其他主要照顧者是否恐嚇、羞辱、貶低、威脅孩子」等等。結果顯示，這些青少年中約有百分之六十二的人曾經遭受過情緒傷害。不僅如此，受到情緒傷害的孩子，得到焦慮症、憂鬱症以及自殺傾向的機率和被肢體虐待、性侵害的孩子差不多。研究還指出，比起肢體暴力和性侵害，「情緒傷害」與憂鬱症、焦慮症、親密關係問題以及酒精成癮有更強烈的關聯性。

提出這個研究並不是要比較各種創傷事件，因為，每一種創傷對孩子來說都非常嚴重。但是父母可能不這麼認為，你可能會覺得，這些嘲諷、貶低的話語是為了激勵孩子、讓孩子更上進。但是許多研究都告訴我們，這些傷人的話語不但沒有效用，反而讓孩子在成年後，受困於各種身心健康問題。

批評話語，建立了孩子的負面核心信念

台灣人本教育基金會曾經做過「破壞性語言」調查，在網路上選出成長過程中聽過的負面言語，其中，最常見的傷人話語包括：

「我怎麼會生出你這種孩子？」

「你怎麼這麼笨！」

「你讓我很失望！」

「你很沒用耶！」

「這種成績，你沒救了啦！」
「這很簡單啊！為什麼你不會？」
「你沒那個天分啦！」
「我不是教過你了嗎？」

父母說這些話時，可能正在發洩情緒、可能覺得這樣能激勵孩子。但是，這些話語卻會讓孩子形成「負面核心信念」。

「核心信念」指一個人對於自己的信念——覺得自己是個怎麼樣的人、別人如何看待你、以及人與人之間如何相處。孩子從日常生活中的經驗形塑這些核心信念，這些信念又影響了孩子如何解讀、看待事情。

譬如，如果孩子每次生氣都會被父母指責「不可以生氣」，他可能就會認為「生氣是不好的」。於是，長大後，他遇到另一半生氣時就會逃開，甚至迴避衝突與對話，因為他害怕面對生氣，不知道該怎麼處理。

不論是嘲笑、侮辱、貶低，或是不斷的指責與批評，這些話都可能形成孩子的核心信念——孩子開始相信「我很笨」、「我就是比別人差」、

「我不值得被愛」、「都是我的錯」、「我就是很胖、很醜」、「我永遠都做得不夠好」。長大後，孩子會帶著這些信念生活，他可能會對別人的批評很敏感、認為每個人都在指責他。這些信念讓孩子有著強烈的羞恥感，討厭自己、自殘，或認為「我配不上好東西」。

或許，父母是想要教育孩子，但是這些言語傷害不但沒有效果，反而讓孩子成年後，繼續用這些負面核心信念看待、解讀事情。孩子可能在親密關係中沒有安全感、工作職場上處處碰壁，或是承受各種身體健康或心理情緒問題。

之前，我曾請你做一個小活動，想像有台隱形攝影機每天跟拍你和孩子的日常生活互動。現在，請回想腦海中的那段「影片」，數數看：一天中，你對孩子說過幾句負面話語，幾句正向話語？

許多父母在成長過程中也不斷聽到負面話語，這些批評與指責是我們熟悉的溝通方式，於是，我們不自覺對孩子說出這些語言，變成孩子的惡性壓力來源。

研究顯示，**每一句負面語言需要五個正向語言來平衡，才能維繫良好關係**。許多父母不擅長和孩子說正向話語，但是，大腦有可塑性，我們可以藉由經常練習「說好話」，讓大腦使用負面語言的神經迴路慢慢消失，讓使用正向語言的連結越來越強壯。所以，本書第六章，我會教你如何讚美孩子，並且和孩子建立更正向的親子關係。

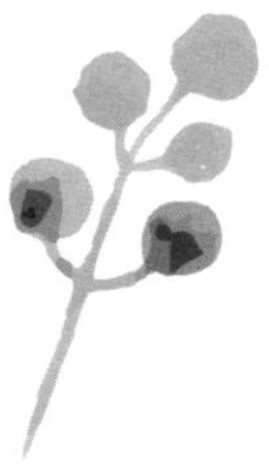

5
直升機父母讓孩子過度自我批判、焦慮與憂鬱

「直升機父母」就像直升機一樣噠噠噠的盤旋在孩子頭頂上，大大小小事情都幫孩子做決定、指導孩子應該怎麼做、決定孩子該穿哪些衣服、玩具該怎麼玩、要學哪些才藝；長大後，幫孩子決定大學該讀什麼科系、該選哪間學校、要不要念研究所、要不要出國念書、要去哪裡工作，甚至選誰當另一半。

家長控制慾越強，孩子越容易自我批判

在成長過程中，許多父母急迫著要告訴孩子：「你應該要這樣做才對！」畢竟，你也曾經跌跌撞撞走過這些路，希望孩子不要重蹈覆轍、不要受同樣的傷害、希望孩子可以得到更好的。

父母想要保護孩子並沒有錯，但是當保護變成干預和控制時，卻會變成傷害。二〇一六年由新加坡大學發表的研究指出：當父母控制慾太高時，孩子越容易自我批判、焦慮以及憂鬱。

這份研究花了五年追蹤三百位七歲孩童與其家長，實驗一開始，研究人員請孩子在限定時間內拼完拼圖，家長則被告知：「你可以自由幫助孩子。」研究人員則在旁觀察家長如何協助孩子。有高度控制慾的家長會不斷干預、告訴孩子該怎麼做、插手糾正做錯的地方，甚至直接幫孩子完成拼圖。

接下來幾年，研究人員從家長、孩子與學校老師的報告來檢視孩子的

自我批判程度。此研究是為了探討：為什麼有些孩子會發展出「不良型完美主義」？完美主義分成兩型：「良好型完美主義」以及「不良型完美主義」。擁有良好型完美主義的人能夠投入心力去嘗試，但是不良型完美主義的人則是過度沉浸於自我批判，以及擔心別人如何看待自己。

這份研究想探討不良型完美主義的成因：是因為家庭的社經地位？孩子的性格或氣質？還是家長的教養方式？新加坡大學洪萊恩教授（Ryan Hong）解釋：「結果顯示，**家長的控制與干預會影響孩子自我批判程度**。」當家長高度控制與介入孩子的生活時，無形間傳遞的訊息就是：「不管怎麼做，你都不夠好。」因此，孩子變得害怕犯錯，就算只是非常微小的錯誤，也常常自我責備、怪自己不夠完美。這些孩子容易過度自我批判，除此之外，也有較高比率的焦慮以及憂鬱症狀。

控制型家長讓孩子容易放棄與過度依賴

新加坡大學並非研究首例，澳洲雪梨大學的戴德教授（Mark Dadd）也做過類似的研究，並強調，研究結果應該廣泛傳遞給家長，父母才能有正確的教養觀念——**退一步，讓孩子有機會嘗試與解決問題**。

美國中學教師潔西卡・萊海（Jessica Lahey）也呼籲家長適度放手。她在書裡提到了類似的研究：研究員觀察孩子玩耍時，身旁母親的干預程度。「控制型」媽媽常常干涉、糾正孩子，而「支持型」媽媽願意讓孩子試著想辦法解決。接著，研究人員讓孩子獨自解決任務，結果，控制型媽媽的孩子一碰到困難就放棄；相反的，支持型媽媽的孩子則願意在困難與挫折中繼續嘗試。

當家長過度控制以及介入孩子的生活時，孩子就錯失了學習機會。常見的過度干涉包括：兩個孩子為了搶玩具起爭執時，媽媽立刻告訴孩子：「猜拳決定誰先玩。」當孩子寫作業遇到困難時，爸爸直接告訴孩子該怎麼做，或是幫忙完成；所有日常小事爸媽都幫孩子決定好了，孩子沒有機會做選擇；孩子不小心犯錯時，爸媽激烈指責，讓孩子更害怕犯錯。

在父母高度控制的環境下，孩子就失去了嘗試解決問題的機會。如果沒有機會讓孩子建立自信與能力，孩子就會更不敢嘗試、不敢犯錯、常常責怪自己。於是，他們更容易焦慮、倚賴大人替他解決事情、更容易有憂鬱傾向。

放手，讓孩子從錯誤中學習

本書第二章開頭，我請你做個想像活動——在腦海裡想像二十年後，孩子是什麼樣子。如果你希望孩子將來能夠成為獨立的大人，就要給孩子機會嘗試自己解決問題、有機會犯錯、鼓勵孩子從錯誤中學習。

孩子可能會失敗、搞得一蹋糊塗、感到挫折、需要嘗試好幾次，並且面對失敗的後果。父母當然不想看到孩子受挫或是傷心難過，但是，這些是成長的必經過程。的確，孩子有時候需要家長的介入與幫忙，但多數情況下，你可以做的是陪伴與支持，讓孩子自己解決問題。

當孩子有機會嘗試、失敗、然後再嘗試，就可以理解失敗是難免的，就不會認為自己是一個「失敗的人」；**孩子可以體驗到：犯錯沒什麼了不起，再試試就好**。當我們放手，就可以發現，孩子能做的事情比我們想像中多很多。

看完本篇，如果發現自己是控制型家長，請時常提醒自己：「我需要放手，讓孩子自己解決問題。」有些時候，自我提醒可能還不夠，需要伴侶或是朋友幫忙，在過度干預孩子的生活前，提醒或阻止你。

如果孩子已經習慣父母幫忙做各種決定，那麼，放手初期你可能會發現：「孩子根本什麼都不會啊！」當然，以前都是你幫孩子決定並完成，所以孩子沒機會練習。讓孩子自己做決定需要時間，你可以告訴孩子：「這件事情你可以自己做決定。」或是問孩子：「你覺得該怎麼做？」然後請放手，讓孩子有機會嘗試。

6

成績不好，爸媽還會愛我嗎？

如果問父母：「你希望孩子長大之後成為什麼樣的人？」大部分的父母會回答：「希望孩子成為健康、快樂的人。」

父母覺得自己重視孩子的快樂，但是，孩子接收到的訊息卻不是這樣。

別讓孩子覺得「考得好，爸媽才會愛我」

美國哈佛大學研究人員詢問約一萬名國高中生：「善良、關心他人」、「功課好」、「當個快樂的人」這三種特質，你覺得哪個最重要？你認為父母覺得哪個特質最重要？結果發現，有百分之八十的孩子覺得，比起「快樂」以及「善良」，父母認為「成績好」更重要。高比率的孩子同意：「比起當個善良的人，如果在班上有好成績，父母會更以我為榮。」

為什麼親子間的認知差異這麼大？請試著回想看看，你平常的行為傳遞給孩子什麼樣的訊息？

成長過程中，考試成績一直與「父母的愛」、「稱讚」、「獎勵和懲罰」緊密聯繫在一起。當孩子帶著一百分的考卷回家時，家長笑眯眯的給予稱讚和獎品；孩子考不好時，回家面對的是氣沖沖的父母，以及責罵與懲罰：「怎麼考得這麼差，我花那麼多錢讓你去補習，你都在幹麼？」、「這麼簡單，為什麼不會？」、「怎麼這麼粗心，你到底有沒有頭腦？」、「功課一直退步，不准玩電腦、打電動！」、「考這麼差，你要氣死我嗎？」、「我以前成績這麼好，怎麼會生出你這麼笨的孩子？」

當「成績好」與「父母的愛」劃上等號時，孩子感受到的就是有條件的愛——考得好，爸媽才會愛我，如果沒有達到爸媽的標準，他們就會對我很失望。孩子不僅從自己身上，也從兄弟姊妹身上感受到父母有條件的愛。曾經有個案對我說：「我小時候成績並沒有很好，但哥哥成績非常好，父母從來沒有對我說過：『你的成績怎麼這麼爛。』但是我可以感受到，他們在親戚朋友面前講到哥哥時，眼神和聲音充滿著驕傲和快樂。他們從來沒有對親戚朋友稱讚過我，我在他們眼裡完全不重要。」這些「父母沒有說出口」的比較，讓他在成長過程中感到自卑、沒有自信、覺得自己不被愛、處處不如人。

父母期望過高，孩子表現反而較差

父母對孩子的期望，的確會影響孩子的課業表現，許多研究都指出，當父母對孩子的學業表現抱持期望時，孩子的成績較好。

但是很多人不知道的是，當期望太高，反而會造成反效果。一份德國的研究花了五年追蹤三千五百多位中學生，檢視孩子的數學成績和父母期望值的關聯性。結果發現，當父母期望太高、不切實際時，反而讓孩子表現變差。

許多父母還是有這樣的迷思：認為期望越高，孩子就可以表現越好。但是研究顯示，父母期望與孩子的能力失去平衡時，反而會有反效果。失去平衡的期待不僅無法幫助孩子，還可能讓孩子產生許多心理痛苦。從上一段的個案經歷來看，我聽到的是：他在成長過程中不斷感受到「爸爸媽媽不愛我」、「我永遠都不夠好」、「我很差、很笨」。這些過高的期望變成了他的重擔，壓得他喘不過氣。

不要爲了成績，破壞最重要的親子關係

我們生活在高度重視學業成績的社會，許多家長因為孩子的成績不理想而責備孩子，甚至造成親子關係惡劣。孩子花大量的時間在學校、安親班、補習班，犧牲了運動、睡眠、玩樂、社交、探索興趣等等重要的成長過程。回到家後，親子間的對話也局限在學業表現上——「今天上課乖不乖？」、「考試考幾分？」、「功課寫完了嗎？」、「怎麼還在看電視，還不趕快去念書？」、「怎麼考這麼差，到底有沒有用心？」

當親子間的互動圍繞在考試成績上，孩子當然會覺得：「爸爸媽媽認為成績好才是最重要的，如果成績不夠好，爸爸媽媽就不會愛我。」

現在，請回顧一下日常生活中的親子對話——你是不是花太多時間關注孩子的成績？花太多心力督促孩子念書，或是指責孩子考試考不好？花太多時間嘮叨作業寫完沒？

也請你問問自己：有沒有每天花時間和孩子聊天？問孩子有哪些心情

和想法？有沒有花時間和孩子好好坐下來，關心他的生活、問問他最近有沒有什麼挫折，或是需要幫助的地方？有沒有花時間了解孩子的興趣、喜歡做哪些事情？或是花時間跟孩子一起做他喜歡做的事情？你是不是因為太重視成績，而忘了欣賞孩子善良、體貼、負責任、願意幫助他人等等，這些重要特質？

許多父母過度重視成績，讓孩子不斷承受壓力、害怕犯錯、過度沉浸於「我要完美」的想法之中，甚至誤以為成績高低代表一個人成不成功，認為考不好就是個失敗的人。

傳統上，父母認為成績好、考上好學校就代表孩子有美好的未來。但是，成績並不是決定成功的關鍵，請不要為了分數，破壞你和孩子間最重要的親子關係。

第四章

不敢說的祕密

家暴、離婚、性侵

「家」應該是孩子的避風港、「父母」應該是孩子可以信任的人，但是，在許多家庭，卻並非如此。

家暴、性侵、離婚、父母酒癮、藥癮問題每天都在發生，這些大家「不敢說的家庭祕密」，卻是許多孩子一生的傷痛，這些創傷發生的頻率，也遠超我們的想像。

本章除了告訴我們，假如孩子遇到這些狀況時，我們該怎麼處理？該怎麼面對孩子？還有，最重要的是「我們該怎麼避免」？

1

我才是家裡唯一的大人

不論父母有心理疾病、酒癮毒品問題、坐牢，或是太沉溺於苦痛之中而無法承擔家長該有的責任。當父母無法當個父母時，孩子就需要當個大人——承擔父母的義務和責任，失去當孩子的機會。

父母有心理疾病，讓孩子承擔大人的責任

「有印象以來，媽媽總是在吃藥、在床上睡覺或是在哭。爸爸說他工作很忙，所以照顧媽媽是我的責任，我要讓媽媽開心起來。但是不管我怎麼做，就是沒有辦法讓媽媽開心。於是我開始想，是不是我做得不夠好？是不是我哪裡有問題？」

「我家是一般人稱羨的『完美家庭』，爸爸和媽媽都擁有高學歷和高薪工作，我們住在很不錯的房子，每年定期出國玩，也拍了許多全家福，照片裡大家都笑得很開心，生活好像很快樂。」

「但是，我印象中的童年，快樂都是假象。媽媽情緒非常不穩定，我完全無法預期接下來會發生什麼事情。媽媽可能會開心的帶我去吃冰淇淋，吃完冰淇淋後就開始對我咆哮：『你已經這麼肥了，怎麼還一直吃！醜八怪！』」

「每天起床，我不知道媽媽今天的心情如何。只要媽媽心情不好，每件事情都會指責我，甚至誣賴我。我只能靜靜的聽她謾罵、侮辱我、朝我丟東西，暗自希望她趕快罵完，或許等一下又變成心情好的媽媽，然後帶我去買衣服。」

「我無法理解媽媽為什麼會這樣，我一直以為是自己做錯了什麼事情，媽媽才會突然生氣。」

很多人的童年就像上述形容的——充滿困惑、無法預期、沒有安全感，甚至認為是不是自己做錯了什麼，爸爸或媽媽才會出現這些問題。

當父母親有心理疾病，像是憂鬱症、躁鬱症或是其他精神疾病時，孩子往往充滿困惑。他們無法理解父母是因為生病，才會出現這些行為以及情緒上的轉變。孩子感受到的是：「我一定做錯了什麼」、「是我不好」、「我很糟糕」、「我沒有辦法讓他們開心，所以爸爸媽媽才會這樣」。這些情緒和想法讓孩子形成負面核心信念，充滿羞愧或是自責。

父母有心理疾病，孩子可能因為怕丟臉，所以不想讓同學和老師知道。孩子不希望爸媽到學校去接他、不想要爸媽參加家長座談會，也不敢邀請朋友到家裡來玩，因為他無法預期：本來對朋友笑眯眯的媽媽，會不會突然心情不好，然後對朋友破口大罵。

曾有個案這樣描述：「媽媽每天都在睡覺，爸爸又忙著工作和照顧媽媽，而我是姊姊，我要幫爸爸媽媽處理家事和照顧弟弟妹妹。於是，我包辦家裡大大小小的事情，煮飯、洗衣服、打掃、煮早餐給弟弟妹妹吃、督促弟弟妹妹寫作業、訂正考卷，我還負責督促媽媽吃藥。我覺得，我才是家裡的大人，我要照顧好每一個人。」

「或許是一直以來扮演著照顧者的角色，長大後，我希望所有事情都在控制之中。朋友都說我是個控制狂，如果事情不按照我的計畫執行，就會非常焦慮、彷彿天要塌下來了。」

當父母「無法當個父母」，孩子就被迫變成「大人」，取代父母的角色，承擔父母的責任和義務，失去了該有的童年。

酒癮家庭中，孩子被迫扮演的各種角色

我諮商過一個男孩，四歲被送到寄養家庭時，隔天早上，他自己打開冰箱踩著夾層往上爬，伸手拿冰箱上面的麥片盒加牛奶當早餐。這是男孩從原生家庭學會的事情——什麼都要靠自己，沒有人會照顧你。

因為酒精和毒品，男孩的親生父母疏於照顧孩子。生活在酒癮問題家庭的孩子並非少數，父母親酗酒不但會影響孩子的情緒、行為、學校表現，還可能讓孩子長大後有更高比率酒精成癮。在父母有酒癮的家庭裡，孩子學會假裝一切都很正常、學會對外隱瞞父母的酒癮問題，並學會承擔一些家中角色。通常，家中會有孩子扮演著「英雄」——扛下父母的責任、打理家中大大小小的事情、在學校表現優異，讓大家覺得這個家庭很正常。**「英雄」小孩因為需要當個「大人」，常常不知道怎麼玩和放鬆；長大後，他可能會沉迷於工作、被高度控制慾或是強迫症困擾。**這些「英雄」長期以來都在照顧別人，習慣壓抑自己的情緒和需求，長大後也會在

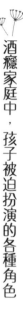

親密關係中遇到很多問題。

另外，有些孩子會扮演「代罪羔羊」，在學校出現各種行為問題，成為家裡關注的目標——因為，當所有人都把問題怪罪在這個孩子身上，就可以避談酒癮問題。有些孩子則是「隱形人」，不管在學校還是家裡都不被人注意，安安靜靜、把所有情緒壓抑在心中。

最後，有些孩子會成為家裡的「吉祥物」，常常耍寶搞怪、惹大家開心，使家裡充滿歡樂、掩蓋問題。這些孩子在成長過程中不斷娛樂他人，惹得大家哄堂大笑，但是內心常常感到孤單、沒有安全感。因為習慣以搞笑姿態面對外界，在工作上甚至是朋友圈中，大家只看到他們搞笑的一面，而不願意真正了解或是傾聽他們。

釐清問題來源，尋求專業協助

不管是「英雄」、「代罪羔羊」、「隱形人」還是「吉祥物」，都是孩子在功能失調的家庭中需要扮演的角色。功能失調的家庭可能來自父母有心理疾病、酒癮毒品問題、坐牢，或是太沉溺於苦痛之中而無法承擔作為家長該有的責任。當父母無法當個父母時，孩子就需要當個大人——承擔父母的義務和責任，失去當孩子的機會。

如果發現自己的原生家庭功能失調，導致你在童年時期需要承擔大人的責任，請花點時間思考：這些成長經驗對你造成什麼影響？請拿起紙筆寫下自己的五個負面核心信念，然後想一想自己的童年經歷：你覺得這些負面核心信念是怎麼來的？誰灌輸你這些想法？

如果功能失調的原生家庭帶給你太多傷害，期盼你能鼓起勇氣，尋求專業心理工作者的協助，幫助自己復原。不管是花時間理解過去，或是花力氣療癒，你的努力或改變都是在幫助下一代、提供孩子更好的原生家庭。如果你現在正被酒癮或是心理疾病困擾，或是伴侶有這些問題，也請尋求專業協助。當父母調整好自己，就能給孩子健康的原生家庭。

練習3

寫下自己的負面核心信念

童年的各種傷害，都會塑造影響一生的負面核心信念，請寫下自己的五個負面核心信念：

1. ......

2. ......

3. ......

4. ......

5. ......

接著想一想：

這些負面核心信念是怎麼來的？

......

誰灌輸了你這些想法？

......

這些負面核心信念對你造成了什麼影響？

......

2

目睹家暴：另一種隱形的傷痕

目睹家暴的兒童不在少數，在美國，估計有一千五百萬個兒童生活在家暴家庭中，有超過四千萬個成年人在小時候曾經目睹家暴。台灣報導也指出，每年約有超過十萬個兒童目睹家庭暴力。

目睹家暴，將成爲孩子看不見的傷痕

「童年時期看到爸爸打媽媽，我非常無法理解。在我眼中，爸爸是個完美的人，他是律師，在外面對人非常和善親切，每個人都很喜歡他。但是對媽媽來說，爸爸是個夢魘。常常只是講一下話，就演變成非常激烈的爭吵，爸爸會朝媽媽丟東西、吼罵、拳打腳踢。小的時候，我一直以為每個家庭都是這樣，長大後我才發現，原來我的家庭不正常。」

「四歲的時候，某天半夜，我在媽媽的尖叫聲中醒來，這是我第一次看到爸爸毆打媽媽。從那個時候開始到高中畢業，我經常在晚上聽到推打、吼叫、尖叫、哭泣聲，有時候我會在房間裡對著爸爸大吼、叫他住手，有時候我會躲在棉被裡面。」

「我覺得自己才是家裡『真正的大人』，我是獨生女，所以保護媽媽是我的責任。我從小就告訴自己，絕對要逃離這個家、過更好的生活。於是，我凡事追求完美，對自己的要求非常嚴格，我也非常成功，一路以優異的成績到大學畢業，然後找到高薪工作。但是，就算現在的生活看起來光鮮亮麗，我還是會覺得孤單、空虛、覺得很不安、覺得不值得擁有現在的生活、覺得羞愧。好像再怎麼努力，都無法彌補童年時期的創傷。」

以上兩段描述，來自童年目睹家暴的倖存者。「家暴」是父母之間以暴力對待，或是單方面暴力對待另外一位。儘管ACE測驗只詢問媽媽是否被家暴，但是男性也可能是家暴受害者。「家暴」不僅僅是肢體暴力，也包含言語暴力或性暴力。孩子生活在這樣的成長環境，就稱為「目睹家暴」。儘管字面上有「目睹」兩個字，但是孩子不一定會直接看到暴力現場，可能是聽到毆打的聲音，或是看見爸爸或媽媽身上的傷痕等等。

這些在家暴中長大的孩子會覺得孤單，因為在成長過程中找不到人訴說這些家庭暴力。不僅如此，這些孩子還要裝作一切都很正常，他們害怕別人知道家中狀況會很丟臉，所以不能讓其他人發現。

目睹家暴和其他負面經驗不太一樣，孩子並沒有被打或是被罵（雖然，目睹家暴的孩子，有很大的機率也會遭受肢體暴力與情緒虐待等等）。就算孩子不是加害者主要攻擊目標，但是看著父母起爭執、互相吼罵、丟東西、拳打腳踢——這些劃在孩子身上的隱性傷痕，也會造成許多負面影響。

儘管不是直接受害者，家暴也會對孩子身心帶來巨大負面影響

看見不斷上演的家庭暴力，也會讓孩子產生許多負面核心信念。還記得前面提到的「上層腦」和「下層腦」嗎？孩子感受情緒的下層腦已經成熟，但是負責思考與理解的上層腦卻還沒成熟。於是，孩子完全可以感受到家庭中的暴力與高漲的情緒，卻沒辦法理解發生的原因。孩子可能會認為：「這是我的責任，我應該要阻止爸爸。」或是「是我的錯，我沒有保護好媽媽。」因為自己沒辦法阻止家暴，而感到羞愧，或深深自責。

孩子在成長過程中也可能累積許多憎恨與憤怒，像是怨恨爸爸為什麼

這樣打媽媽，或是對其他人的快樂童年感到不公平。這些長年累積的憤怒可能讓孩子產生暴力與攻擊行為，甚至在成年後變成「見不得別人好」，希望看到別人受苦，自己的內心才得以平衡。

目睹家暴的孩子也可能感到悲傷、失落、孤單，甚至絕望，好像不管怎麼做，都無法改變自己的家庭。

父母應該是孩子可以信任的人，讓孩子覺得安全與可靠，但是如果孩子連最值得信任的人都無法依靠時，孩子長大後在親密關係或是人際關係中也會產生許多障礙，造成衝突和困境。

儘管不是直接受害者，目睹家暴對孩子的身心健康也有長遠的影響。研究顯示，目睹家暴兒童在成年後試圖自殺、毒品與酒精成癮、從事暴力犯罪的機率更高。不僅如此，目睹家暴也與焦慮症、憂鬱症、親密關係問題、職場問題有高度關聯性；甚至，目睹家暴的孩子長大後，有很大機率會成為家暴加害人或是受害者。

停止家暴，讓童年遠離暴力陰影

聯合國兒童基金會指出，預測一個人是否會成為家暴加害者或是受害者的最佳方式，就是看他們的成長過程中有沒有經歷家暴。家庭創傷會世代相傳，從這份聯合國報告看來，家暴的確很容易遺傳給下一代。

若小時候曾經目睹家暴，請花點時間思考：目睹家暴對你有哪些影響？和現在的生活有哪些連結？哪些負面核心信念可能來自目睹家暴？

如果你現在正遭受家暴的傷害，閱讀這章時可能會產生很多負面情緒。家暴問題很複雜，每個人的狀況和資源都不一樣，沒有絕對的解決方法。面對家暴，只有你最了解自己的狀況，知道怎麼做最安全、對你的孩子最好。儘管如此，你也不必孤單面對。你可以對外尋求協助，找家人或是朋友幫忙，或是尋求專業人士的幫助，像是家暴相關社會機構，這些受過專業訓練的人士可以幫助你思考「接下來該怎麼做」、提供資訊幫助你的孩子。你所跨出的任何一步，都是在幫助你，還有你的孩子。

3

爸媽離婚，是不是我的錯？

檢測童年負面經驗的ACE測驗裡，其中問到：「父母親有沒有離婚？」在這個離婚普遍的社會，看到這個題目可能會讓你擔心，這是不是代表：「為了孩子我不能離婚？」

離婚如何影響孩子，取決於大人面對離婚的態度

父母離婚的確會對孩子造成很大的影響，畢竟家庭是孩子的生活中心，離婚對孩子來說就像失去了全世界。研究指出，父母離異的孩子有較高比率患有憂鬱症或是情緒及行為問題，成年後也有較高比率離婚。

從研究結論來看，好像父母離婚就會讓孩子發展不健全。但是，這些數據並沒有告訴我們故事的全貌——許多離婚家庭下的孩子都發展得很好，沒有心理或行為問題。**離婚如何影響孩子，取決於父母面對離婚的態度，以及離婚後如何對待孩子**。若離婚後，父母只考慮自己的需求，完全忽略孩子的需要時，就會對孩子造成很大的傷害。

離婚在現代社會很普遍，如果還沒生小孩，離婚後的生活或許可以簡單一點，大不了從此不再聯絡。但是如果有了孩子，離婚就會變得複雜許多，因為就算不再是配偶關係，你們還是孩子的爸爸或媽媽。

許多父母在離婚後深陷在自己的情緒裡，無法看見孩子的需求，尤其

像是丈夫外遇而離婚時，妻子可能會充滿憤怒、不甘等情緒，想要報復對方，這時，孩子就變成了報復工具。妻子可能故意不讓前夫與孩子見面、在孩子面前講爸爸的壞話、要孩子選邊站、甚至教唆孩子「監視」爸爸與新女朋友的生活……。

我曾遇過一個五歲小男孩，爸爸與媽媽離婚後互相討厭對方，認為對方是差勁的家長，於是，他們每天都在上演監護權爭奪戰。搶監護權的方式就是不斷挖掘對方的錯誤，譬如，當小男孩和爸爸在外面玩了一整天，晚上回到媽媽家時，媽媽就會開始質問孩子和爸爸今天做了哪些事情，然後在孩子面前批評：「你爸爸怎麼可以讓你吃這麼多軟糖！」、「你爸爸怎麼可以讓你看這麼暴力的卡通！」、「你爸爸說可以這樣打人嗎？」當然，爸爸也不例外，不斷的在孩子面前數落媽媽，甚至打電話給兒童保護局通報媽媽疏於照顧孩子。

爸爸與媽媽不斷找出「證據」指控另一方是個不合格的家長時，只滿足了自己的需求——報復對方，完全忘了自己還是孩子的父母。孩子被捲

入大人的紛爭，在學校和家裡都有非常多行為和情緒問題，到處打人、吼罵、無法調節自己的情緒。

離婚後，不要讓孩子捲入大人的紛爭

身為孩子的心理諮商師，我被夾在這場監護權爭奪戰之間。男孩的爸爸媽媽常常向我抱怨另一方，告訴我：「都是因為他／她，孩子才會有這麼多問題！都是他／她的錯！」於是，我約了兩人一起談話，我告訴他們：「離婚後，就算多麼討厭對方，你們還是孩子的父母親。孩子有愛爸爸、愛媽媽的權利，也有被爸爸、媽媽愛的權利，更有權利與雙方建立良好關係。」

婚姻破裂後，雙方可能有許多不滿，但這些都是大人間的紛爭。對孩子來說：爸爸和媽媽還是他生命中重要的人。孩子在父母離婚時已經面對許多失落與哀傷，可能會覺得爸媽離婚是他的錯、是他不乖、覺得愧疚；

有些孩子甚至會認為：「如果爸爸和媽媽不愛對方了，那是不是也表示，有一天他們也會不愛我、離開我？」**孩子在父母離婚後充滿許多不確定性、焦慮與恐懼，他們最不需要的，就是再被捲入大人的戰爭中。**

當孩子被捲入大人的爭吵中，就要開始承擔大人的情緒重擔，譬如：媽媽在孩子面前不斷批評爸爸時，孩子可能認為自己需要選邊站，甚至因為自己也愛爸爸而感到內疚。漸漸的，孩子不願意告訴媽媽今天和爸爸做了什麼，因為說出來媽媽只會冷嘲熱諷，並且批評爸爸。

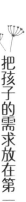

把孩子的需求放在第一位

我看過一段影片：好幾位青少年在討論父母離婚對他們的影響。影片中，一位男孩氣憤的說：「我已經跟媽媽說了很多次，叫她不要在我面前講爸爸的壞話，但是為什麼她就是聽不懂？為什麼還是一直在我面前批評爸爸？」另一個女孩說：「十歲的時候，媽媽跟我說她想要自殺，說這一切都是爸爸害的。為什麼妳要對十歲的孩子講這種話？」

不止這些，有些父母還會把離婚怪罪到孩子身上，告訴孩子：「都是你的錯！」、「沒有生你就不會發生這些事情。」或是父母決定留在惡質的婚姻裡，卻把責任推到孩子身上：「要不是因為妳，我早就跟妳爸離婚了！」父母說的這些話，都會讓孩子捲進大人的紛爭和情緒重擔裡。

「到底要不要為了孩子留在婚姻裡？」許多伴侶考慮離婚時都會想到這個問題。這個問題沒有正確答案，因為每個人的家庭問題、處理方式、資源都不一樣。儘管離婚可能會對孩子造成負面影響，但有許多孩子也能在離婚家庭中健全成長。重點在於，離婚後，有沒有把孩子的需求放在第一位。

4

離婚後，看見孩子的需求，孩子也能健全成長

儘管許多研究指出，離婚會讓孩子產生許多心理問題，但也有許多父母離異的孩子健全成長。離婚後，家長如何共同撫養孩子、是否把孩子的需求放在第一位，決定了離婚對孩子的影響有多劇烈。

從宣布離婚起，陪伴孩子度過離婚

結束一段婚姻時，或許你的心裡想著：「一切都結束了！」但是，如果你們有孩子，離婚並不是結束，而是另一段關係的開始——共同撫養孩子。就算離婚後不再是配偶，你們依舊是孩子的家長。或許在你的眼中，前夫或前妻非常可惡，但是對孩子來說，父母都很重要（當然，這是指孩子沒有遭受任何虐待的情況下）。

理論上，離婚後要把孩子的需求放在第一位，先考慮什麼對孩子才是最好的。但實際上，每個人在離婚時也各自承受著劇烈的改變——像是生活方式、經濟來源、朋友圈，或是要經歷繁雜的法律程序，這些都會帶來很大的壓力。你曾經熟識的生活樣貌已經不存在，其中還可能夾雜著憤怒、悲傷、對未來的不確定性，以及失落等等情緒。當父母被這些情緒淹沒時，更難看見孩子的需求。

你可能曾經離過婚，或是正經歷離婚過程，也可能身邊的親戚朋友有人正要離婚。儘管每對伴侶的家庭狀況都不一樣、擁有的資源也都不同，但是，以下提供一些原則，可以幫助你協助孩子度過這段期間：

當父母決定離婚時，第一步要面對的就是：如何跟孩子說。和孩子宣布離婚的過程相當痛苦，你可能會害怕孩子承受不了，正猶豫到底要不要跟孩子講。但是，如果確定要離婚了，孩子遲早會知道。**與其從其他管道發現，家長應該要一起和孩子宣布離婚的消息**。也就是說，不管離婚的原因是什麼、不管夫妻倆多麼憤怒，兩個人都該坐下來好好討論：「要怎麼跟孩子說？」

宣布離婚的原則就是「只說對孩子最重要的事情」。你可以和孩子解釋：「爸爸媽媽相處得不好，我們試著解決問題，但是沒有辦法。」、「爸爸和媽媽必須要非常愛對方才能當夫妻，但是我們已經沒有那麼愛對方了，所以決定不再當夫妻。」用簡單的說法，兩個人一起告訴孩子，不要把大人間的爭執扯進來，像是抱怨：「都是因為媽媽外遇了！」、「都是爸爸的錯！」不管對另一半有多麼的憤怒或是不甘，孩子沒有必要知道離婚的細節。我們是大人，請把對孩子最重要的事情擺在第一位。

孩子聽到父母要離婚時可能會有很多情緒、疑惑，或是擔心害怕。請堅定的告訴孩子：「雖然爸爸媽媽要離婚了，但是我們還是你的父母親，我們和以前一樣愛你，對你的愛不會改變。」並且表明：「離婚是我們之間相處不好，不是你的錯、不是你造成的。」

不同年紀的孩子，因為認知發展階段不同，對於離婚的理解和反應也可能不一樣。當然，有些孩子聽到離婚消息後會哭泣、對著你大聲吼叫、甚至關起房門。但是，你是最了解孩子的人，請依照孩子的回應來反應，也給孩子時間處理這些消息。

宣布離婚並不容易，向孩子宣布之前，請花時間討論、準備、演練。孩子聽到這個消息後可能心中充滿許多疑問，請讓孩子盡可能的問問題，當然，也要事先準備如何回答。因為，從宣布離婚的那一刻開始，父母就要開始支持、陪伴孩子。

離婚後，和對方從伴侶變成商業夥伴

從事婚姻治療的羅伯特・艾莫利博士（Robert Emery）建議：「離婚之後，父母需要建立新的關係來共同扶養孩子。夫妻倆通常難以回到朋友關係，所以要變成商業夥伴：互相合作、給對方應有的禮貌、尊重與界線。」

在新建立的關係之下，撫養孩子是雙方一起經營的事業，要互相合作與尊重、一起考慮孩子的需求、做出對孩子最好的決定。你可以參考以下這些原則：

1. **盡量減少「失去」的東西**：孩子在離婚過程已經失去了很多東西，如果可以，請父母盡量減少生活上的改變——還是可以和爸爸或媽媽見面、繼續在原本的學校上課、與熟悉的朋友和老師相處等等。如果能夠盡量降低孩子生活中的改變，孩子就有很大的恢復力能夠適應。

2. **讓孩子知道未來的變動**：離婚讓孩子對未來充滿不確定性，他們不知道以後的生活會變成什麼樣子。所以，請讓孩子知道生活有哪些改變，像是哪幾天會在媽媽家？哪幾天在爸爸家？什麼時候可以見到爸爸或媽媽？如果父母其中一人搬到距離較遠的地方，請常常利用電話、電子郵件等等方式和孩子聯絡，讓孩子知道爸爸媽媽依然關心他。

3. **接納孩子用自己的方式處理失落與悲傷**：每位孩子面對父母離婚的方式不同，也會展現不一樣的情緒和行為。請允許孩子用自己的方式處理失落與悲傷，**不論孩子有哪些感覺，請告訴孩子：每一種情緒都是正常的、鼓勵孩子分享情緒和感覺，並接納。**

4. **告訴孩子：「這不是你的錯！」**：因為發展階段不同，孩子對於離婚的理解也不一樣。年紀小的孩子認知發展階段還是以自我為中心，可能會認為每一件事情都和他有關——爸媽離婚是他造成的、是他的錯。請幫助孩子理解、並且經常強調：「這不是你的錯！」

5. **讓孩子知道，父母會繼續愛他**：離婚時，孩子會擔心害怕：「爸爸媽媽不愛對方了，會不會有一天也會不愛我？」請讓孩子知道，雖然你們不是配偶關係、不愛對方了，但你們還是孩子的父母、會一直愛著他。

6. **分享你的情緒：**完全不表達情感會讓孩子誤以為「表達情緒是不好的」，甚至是不可以擁有情緒。你可以適當的與孩子分享你的感覺，讓孩子了解，你也因為離婚感到悲傷和難過，但是你是個大人，有辦法處理這些感覺。讓孩子知道這不是他的責任，他也不需要照顧你的情緒需求。

7. **避免讓孩子捲入大人間的紛爭：**不管你和前夫或前妻關係有多麼糟糕，請不要讓孩子捲入兩人間的戰爭——不要在孩子面前講對方的壞話或是貶低對方、不要把孩子當作傳話筒或是懲罰對方的工具、不要利用孩子監視另一方的新生活、不要強迫孩子選邊站。孩子有權利和父母雙方建立良好關係，請支持和接納孩子與前夫或前妻的良好互動。

8. **協調一致的教養方式：**離婚後，如果孩子要輪流在兩個家庭生活，請討論好一致的教養方式和規範，像是：哪些電視節目適合孩子看？孩子幾點該睡覺？孩子有行為問題時該如何處理？等等。當雙方有一致的教養模式時，孩子比較能夠適應不同的家庭生活。

讓孩子知道爸媽仍會扮演他生命中重要的角色

離婚後，讓孩子繼續當個孩子。**孩子不需要承擔父母的情緒重擔或是責任，應該要安心的知道爸爸媽媽還是會繼續扮演他生命中的重要角色。**

離婚可能對孩子帶來巨大的失落與悲傷，這些都是正常情緒。看到孩子傷心難過可能讓你難受，但是我們不可能免去孩子生命中的每一種負面情緒。孩子悲傷時需要你的支持與接納，陪他處理失落哀悼和各種情緒。用對方法協助，孩子在父母離婚後也能健全的長大。

5

難以啟齒的祕密——有人性侵我！

你有祕密嗎？祕密分成「好祕密」與「壞祕密」，「好祕密」就像偷偷幫媽媽辦生日驚喜派對，所以：「噓～不可以跟媽媽說！」但是，有時候我們也有「壞祕密」，當有人對你做不舒服的事情時，卻告訴你：「這是我們之間的祕密，不可以說。」這時候就要注意了，這是個「壞祕密」，一定要告訴你所信任的大人。

——節錄自繪本《你有祕密嗎？》(*Do You Have a Secret?*)

許多人一輩子都承受「祕密」帶來的傷痛

繪本寫得很容易，可惜的是，要孩子把壞祕密說出來沒有那麼簡單。大人帶給孩子的許多傷害，都是關起門來做的——沒有人看到、沒有人知道發生什麼事情，大家還認為這是個美滿家庭。

雖然孩子覺得不舒服，但卻沒有人告訴孩子：「為什麼會發生這樣的事情？」也沒有人談論這件事情。於是，孩子開始認為，發生這樣的事情一定和我有關、一定是我的錯、是我很壞、我不好。

許多人一輩子都帶著祕密，承受祕密帶來的傷痛、為祕密付出極大的代價，其中一個不敢說的祕密，就是：有人性侵我。

兒童性侵害，比我們想像中還要普遍

兒童性侵害就像禁忌，不談論就彷彿這件事情沒有發生、不會發生。

但是，數據顯示，兒童性侵害比例相當高。在美國，研究估計每十個孩子可能就有一位在十八歲前遭受性侵害，這是非常高的比例。但是，大人卻難以發現，因為，這是孩子不敢說的祕密。

兒童性侵害的定義是指：兒童（小於十八歲）被用來滿足成人或較年長兒童的性需求。性侵害的行為有很多種，包括愛撫、性交、口交、肛交、用物品插入孩子體內、強迫兒童觸摸大人性器官、強迫兒童看色情刊物或是色情影片、讓兒童目睹性交等等。

以往，父母教導孩子要小心陌生人，但數據指出，**被性侵的孩子中，大約百分之九十的受害者是被認識的人性侵，只有約百分之十的受害者是被陌生人性侵**。不僅如此，有百分之六十的受害者被他們信任的大人性侵——可能是父母的朋友、親戚、鄰居、學校老師、教會人員等等。當施暴者是孩子認識，甚至信任的大人，孩子會感到更困惑、更不敢說出來，也讓父母更難察覺。

兒童性侵害比想像中還要普遍，或許，我們認識的孩子中，就有人曾經或正在遭遇性侵害。發現孩子被性侵害時，父母通常不知道該怎麼處理，尤其當施虐者又是親戚朋友，甚至是另一半時，家長會否認、假裝聽不見、指責孩子說謊或亂講話……假裝什麼事情都沒有發生。

不敢說出口的祕密，讓孩子終身付出慘痛代價

大部分被性侵的孩子並不敢說出來，原因有很多，像是施虐者恐嚇：「如果說出來，我就會傷害爸爸媽媽。」、「沒有人會相信你。」、「這是我們之間的祕密。」、「如果說出來，爸爸媽媽會討厭你。」、「這是你的錯。」、「我這樣做是因為我愛你。」、「如果不乖乖就範，你妹妹也會被我性侵。」

施虐者恐嚇、威脅孩子，讓孩子認為是自己做錯事所以被懲罰、告誡孩子如果說出去，家人就會受到傷害，或是讓孩子覺得：為了保護家人，他必須犧牲。我曾經聽過兒時被性侵的婦女說：她當時不敢說出來，因為

媽媽得了癌症住院，而性侵她的叔叔告訴她：「如果和媽媽說，她就會病情惡化死掉，妳就會害死媽媽！」

在這樣的情況下，孩子恐懼、羞愧、覺得是自己的錯、不想讓父母失望或是難過。而當施虐者又是父母信賴的人時，孩子更困惑了。而年紀小的孩子則是沒有精準語言形容發生了什麼事情，他們或許根本沒聽過「性侵」這個詞，只知道：「叔叔這樣摸我，我覺得不舒服，但沒有人告訴我發生了什麼事情。」

這樣的祕密讓孩子付出慘痛代價。研究顯示，兒時被性侵的創傷經驗讓孩子長大後更容易有藥物、酒癮、未婚懷孕、有自殺傾向、厭食症、暴食症、憂鬱症和焦慮症等等問題。

否認與指責無法刪除孩子被性侵的事實

當孩子告訴你：他被性侵時，你的腦海可能會瞬間充斥著許多情緒：

震驚、生氣、難過、羞愧、覺得都是自己的錯、覺得是自己沒有保護好孩子等等。

當施虐者是家族裡的人、兄弟姊妹，甚至是配偶時，可能讓你更無法接受——擔心鄰居和朋友怎麼評論你（別人可能會批評：「自己的老公竟然性侵女兒，這個媽媽一定有問題。」）、覺得整個家就要崩毀了、擔心配偶離開後的家計、擔心自己和孩子的生命安全、覺得羞愧、尷尬、丟臉、生氣……。

當人承受巨大情緒時，其中一種應對機制就是「否認」，所以許多人選擇不相信孩子說的話、責罵孩子說謊、警告孩子：「不要亂講話。」、「以後不可以再講這種話。」但是，當家長寧願相信「什麼事情都沒發生，日子就像以前一樣」時，否認與指責會帶給孩子更大的痛苦和傷害。

該怎麼避免兒童性侵害？

看到這麼高的兒童性侵害比例，你可能會擔心：會不會有一天我的孩子也被性侵？要如何預防？要怎麼察覺孩子是不是被性侵？如果哪一天，孩子突然向我透露他被性侵時，我又該怎麼回應？下一篇，我會提供方法，幫助預防以及察覺孩子是否被性侵害、以及父母該如何回應。

兒童性侵害不常被拿出來討論，也因此更難啟齒。看完這章後，你可能會覺得不舒服——或許你訝異兒童性侵害比例這麼高、氣憤加害者竟然這樣恐嚇威脅孩子、驚訝原來大部分的加害者都是熟識的人、擔心這樣的事情會不會發生在自己的孩子身上……。

不管有怎麼樣的情緒，請把這些情緒和資訊傳遞出去——告訴伴侶、家人、朋友、同事、孩子的老師，一起談論兒童性侵害，告訴他們你的心情和擔心。請把這些資訊散播給更多人知道，唯有願意討論，才能開始正視這個問題，才能幫助更多的孩子，避免兒童性侵害。

6

預防兒童性侵害的五大步驟

台灣社會很少談論兒童性侵害，但是兒童遭受性侵害的比率卻很高，上一篇提到了性侵害對孩子造成的負面影響，而這篇，我要介紹美國兒童性侵害防治組織「從黑暗到光明」（Darkness to Light）提供的五步驟，協助父母預防兒童性侵害。

步驟一：了解兒童性侵害

在美國，大約每十位孩子中就有一位在十八歲前曾經遭受過性侵害。這些受害者中，大約有百分之三十的孩子被家族成員性侵，有百分之四十的孩子被年紀大的孩子性侵。以往，父母都告誡孩子要小心陌生人，但是數據告訴我們，兒童性侵害有約百分之九十的孩子被熟識的人性侵，只有約百分之十的受害者是被陌生人性侵。

兒童性侵害的發生率比想像中普遍，大部分被性侵的孩子並不會說出來，因為施虐者恐嚇與威脅、灌輸孩子：「這是你的錯」、「我這樣做是因為我愛你」讓孩子充滿恐懼、困惑與無助。兒童性侵害可能發生在你認識的孩子身上，你也可能認識施虐者，請不要認為：「這件事情不可能發生在我的孩子身上！」

許多施虐者看起來就像一般人，有些人也有良好的工作與社經地位，像是老師、律師或醫生。當然，我們並不是要懷疑孩子身邊的每一位大人，而是要抱持謹慎態度、提高警覺。

步驟二：保持警覺，減少機會

百分之八十的兒童性侵害發生在孩子與成人（或是另一位孩子）獨處的時候。當然，孩子與成人之間有單獨、正面的相處對孩子也有許多正面影響。但是為了確保孩子安全，可以試試以下方法：

1. 孩子和其他成人獨處時，可以在不預期的情況下回來看看孩子。
2. 確保獨處的場所有他人在場，選擇開放空間而非隱密的地方。
3. 離開前，可以詢問照顧孩子的人：「你們等一下要做什麼？」、「有什麼計畫？」聽聽看計畫是否詳細。
4. 孩子與其他成人獨處後，和孩子聊聊天，注意孩子的心情變化。與其問：「你乖不乖？」、「有沒有聽叔叔／阿姨的話？」可以改問：「剛才跟叔叔／阿姨做了哪些事情？」、「叔叔／阿姨照顧你時，你最喜歡做什麼？最不喜歡做什麼？」、「今天下午在這裡覺得安全嗎？」、「有什麼想要跟我分享的嗎？」

5. 和照顧孩子的人聊聊兒童性侵害資訊，一方面教育其他大人，另一方面也讓他知道你在意。

預防兒童性侵害是每個大人的責任，學校、安親班、托兒所、圖書館等等兒童會去的地方，都應該接受兒童性侵害防治訓練，學習如何察覺、通報、回應。這些機構也需要改變，像是減少不必要的獨處機會、讓不止一位大人照看孩子，以及改善隱蔽地點。每個人都必須提高警覺，傳播這些資訊給更多人。增加對兒童性侵害的重視，就可以降低發生的比率。

步驟三：和孩子談談身體自主權與性侵害

發生性侵後，孩子通常不敢說出口，就算鼓起勇氣訴說，也不一定會說出事情的全貌。孩子不知道大人的反應，會先透露一部分，或是告訴你這是「別人」發生的事情，來測試你的回應。如果大人反應激烈，像是責備、否認、叫孩子不要亂說話，孩子可能就不願意再訴說，不再求救了。

家長平常就要多和孩子討論身體自主權、告訴孩子什麼是性侵害、身體哪些部位不該被人碰觸，並且教孩子有權說「不」。身體自主權並不是說說而已，平常也要實踐，像是擁抱前先問孩子是否同意，或是有親戚朋友想要抱孩子時，也請他們先詢問孩子的意願，當孩子表示不想被抱時，大人也要尊重，而不是數落說：「你怎麼這麼小氣，抱一下也不願意！」

父母要讓孩子知道，加害者也可能是認識的人，不一定是陌生人。如果父母能經常和孩子討論這些議題，發生性侵害時，孩子才願意說出來。

步驟四：察覺症狀

每個孩子被性侵後表現出來的症狀不一樣，生理上，可能會出現生殖器官疼痛、有傷口、紅腫或分泌物，也可能出現陰道感染或尿道炎、上廁所時疼痛，也可能因為心理因素引起身體不適，像是胃痛或是頭痛。

心理和行為上，孩子可能會出現焦慮和憂鬱症狀、晚上睡覺時常常做惡夢、飲食改變、抗拒去某些地方或不願意見某些親戚、情緒轉變、成績大幅下降、自殘、行為退化，像是尿床或是語言表達能力退化、開始使用酒精或藥物，以及，出現不符合年紀發展的性相關語言和行為。

當孩子出現異常行為時，不要立刻覺得：「孩子怎麼這麼愛搗亂！」或是指責孩子：「怎麼不願意跟叔叔打招呼？沒禮貌！」、「成績怎麼越來越差？」**通常，孩子出現異常行為時，背後都有原因**。請提高警覺，觀察孩子到底發生了什麼事情。如果父母找不到原因時，請尋求協助，帶孩子檢查身體，或是尋求專業心理治療師的幫忙。

步驟五：適當回應孩子

當孩子向你透露他被性侵時，表示他信任你，你的回應會讓孩子知道：他是不是可以繼續信任你。

聽到性侵的消息時，請保持鎮定、不要情緒化。如果父母生氣責備孩子，或是指責孩子亂講話等等，都會對孩子造成很大的傷害，讓他不願意求救。數據顯示，只有極少數的兒童性侵通報是假的，孩子通常不會在這種事情上撒謊。所以，請相信孩子，讓孩子知道你相信他、謝謝他願意告訴你、並且稱讚他的勇氣。

詢問時請使用開放式問句，像是：「接下來發生了什麼事情？」不要刻意引導孩子。請告訴孩子：保護他是你的責任，你會盡全力保護他。必要時，請通報、尋求法律協助，以及專業心理治療幫孩子處理創傷。

聽到孩子被性侵，可能會引發父母的許多負面情緒。但是請想一想，弱小無助的孩子發生這樣的性侵事件，對他來說更是恐懼。如果父母選擇否認或不作為，只會造成孩子更大的身心傷害，也讓加害者得以繼續傷害孩子。

第2部

從現在起，改變你與孩子的一生

第五章——父母課題

理解你的教養模式，
就是改變的開始

看完第一部，我們已經了解了童年傷害對你的影響有多大，改變了你的大腦結構與功能。儘管這樣的改變可以幫助你度過童年創傷，然而，當你想要破繭而出、脫離受傷的童年後，彷彿那寄生的毒瘤，不斷啃食、消耗著你與孩子的親子關係。

然而，當我們覺察，就是改變的開始。

本章會提供許多簡單的小練習，藉由檢視自己的童年、檢視自己的教養模式，藉由覺察，就能改變。

1

當個「有意識」的父母，讓孩子遠離惡性壓力

你不需要當個完美父母，只要「盡力」當個父母就好，也就是能夠「有意識」的教養孩子——有意識的父母在回應孩子之前，會停頓一下，思考接下來要對孩子說的話、做的事情會對孩子造成哪些影響。

覺察與了解就是改變的開始

閱讀至此，你可能會想起自己的童年，或是覺得前面提到的情景和自己的童年很相似，然後才意識到，原來你也曾經歷過這些傷害。這些文章可能會勾起你一些不開心的回憶，請在必要的時候把書放下、好好休息，準備好了再回來閱讀。

這本書寫的每一種傷害，大多不是天災意外或人為攻擊，這些傷害來自原生家庭，而且很多都是父母造成的，也非常普遍。ACE研究告訴我們，有約三分之二的人在童年時期經歷過一種以上負面經驗，不僅如此，在美國，每五個人就有一個人小時候曾被性侵，每四個人就有一個人受到父母暴力虐待，有四分之一的人原生家庭有酒癮問題，有八分之一的人在成長過程中，目睹過家暴。

不僅如此，這些傷害也非常的真實，我從事心理諮商碰到的個案中，不論是大人還是孩子，追溯問題的根源，很多都是來自家庭、父母、過往被對待的方式。曾經在諮商時，念大學的個案在我面前大哭，全身顫抖著說：「為什麼別人都可以懂，為什麼媽媽就無法理解，她這樣對我，我有多難過？」

是啊，為什麼爸爸媽媽不懂呢？

如果父母給你充滿傷害的原生家庭，他們小時候可能也曾經被這樣對待。童年經歷影響了我們的大腦結構、身體面對壓力時的反應、處理情緒的能力，這些人帶著受創的大腦和身體，以同樣的方式教養下一代，把這些傷害繼續傳遞下去。你的父母可能也是家庭創傷循環中的一環，他們只能用有限的能力和方式對待你。

你無法選擇自己在什麼樣的原生家庭中長大，但是，你可以選擇提供給下一代怎樣的原生家庭，因為，你就是孩子的原生家庭。

藉由覺察自己的過去、了解自己的言行對孩子造成的影響，你能找到辦法，避免給孩子不必要的傷害和惡性壓力，給孩子健康的原生家庭。

了解自己的言行對孩子的影響

給孩子健康的原生家庭，不需要當完美父母，只要「盡力」當個父母就好。就像前面提到的，在教養上「盡力」代表「有意識的教養孩子」——回應孩子之前，停頓一下，思考接下來對孩子說的話、做的事會造成哪些影響。

假設你現在很生氣，但是在吼罵孩子之前先暫停一下，做幾次深呼吸讓自己冷靜，然後覺察到：你現在被下層腦所掌控了！並且了解到：吼罵孩子只會啟動他的下層腦，讓孩子被情緒掌控，這樣孩子就無法思考和學習，更沒有辦法達到教養目的。於是，你決定不吼罵，而是採用更正向、更能夠幫助孩子使用上層腦的管教方式。如果能夠有意識的面對孩子，那麼，你已經盡力當個父母了。

當然，父母也會犯錯、做錯決定、不小心被下層腦掌控而對孩子破口大罵。當你不小心犯下這些錯誤時，不用太擔心，每個人都有犯錯的時候。這時候只要向孩子解釋、道歉並且修復關係，一切都來得及。

孩子有可以信賴的大人，就有能力面對各種逆境

市面上有各式各樣的教養書、教養策略。但是，到底教養過程中，什麼才是最重要的？我會說：「請當孩子身邊可以依靠和信賴的人。」

世界上有許多無法預測的事情，我們沒有辦法保證孩子一輩子都不會受到任何傷害。成長過程中，孩子本來就會碰到各種壓力或困境，像是適應新環境、和朋友吵架、碰到天災或意外、親人過世、被喜歡的人拒絕、失戀分手等等，這些對孩子來說都可能是很大的壓力或難題。

不是每一個壓力或困境都會把孩子擊垮，因為孩子有「復原力」——在面對逆境時，從困境中恢復的能力。每個孩子的復原力不同，這就是為什麼在遇到同樣的狀況時，有些孩子可以適應得很好，有些卻不行。

復原力並不是一生下來就決定的，而是在成長過程中被各種因素塑造。也就是說，雖然父母無法保護孩子免於傷害，但是，你可以幫孩子提升復原力，讓他在遇到困境或困難時，能夠自我調適、從逆境中走出。

幫孩子提升復原力，就是讓孩子有值得依靠和信賴的大人。研究發現，孩子生命中只要有一位大人讓孩子感受到被關心、被支持和被了解——可以是父母親、親戚、老師或是任何一位大人——就可以幫助孩子對抗逆境與傷害。對於遭受創傷的孩子，如果有正向的家庭環境，就能夠幫助孩子提高復原力，讓孩子用更正向的態度面對各種困境和壓力。

孩子需要可以信賴和依靠的大人，身為父母，你可以選擇當這位生命中重要的人、當孩子的後盾。孩子遇到挫折和壓力時，知道你會支持他；孩子感受到被保護、受到支持，就有足夠的復原力處理困難。

接下來，我會帶著你檢視過去受到的傷害、教你調節情緒不要被下層腦掌控，並且提供方法讓你幫助孩子覺察情緒、理解情緒、使用上層腦學習與思考。除此之外，我也會提供方法讓你和孩子建立連結，讓孩子感受到支持與被了解。

你可以改變，成為一位「有意識」的父母，成為孩子生命中可以信賴和依靠的人。

2

檢視童年，就能給孩子更好的原生家庭

如果原生家庭曾經帶給你傷害，那麼，這本書可能會勾起你許多負面回憶或是情緒。在需要休息時把書放下，做幾次深呼吸，準備好後，再回來看書。

如果你曾在童年受過傷，或許會猶豫要不要生孩子、對自己的教養方式沒有信心、可能會擔心害怕：「我會不會跟我的爸爸或媽媽一樣，是個糟糕的家長？」

但是，我要告訴你：「你有辦法改變，而且永遠不嫌晚。」

童年時期的惡性壓力雖然改變了你的大腦，但是研究告訴我們，大腦有可塑性，也就是說，大腦並不是一輩子定型，可以藉由重複練習，改變大腦舊有的神經迴路，創造新的神經連結——讓你在解讀事情的眼光、處理壓力的方式、教養方法……有全新的概念。大腦就像肌肉，越常使用就會越強壯，所以，練習新方法，就能擺脫童年的烙印。

檢視自己的童年經驗

本書第一部提到了許多研究，解釋為什麼童年時期經歷的惡性壓力會影響大腦，進而改變一個人面對、處理事情的方式。這樣講，好像童年負面經驗讓大腦變得「不正常」，但其實並不是。

童年經驗改變大腦，是為了保護你而演變出來的「保護機制」。譬如，為了讓你在充滿惡性壓力的原生家庭下存活，大腦必須偵測環境中的危險，所以，你變得很會察言觀色、觀察大人的臉部表情和講話語氣——

你知道當爸爸用這個語調說話時，就是要發飆揍人了，所以身體會趕在爸爸發飆之前進入「反擊或逃跑」模式，幫你度過危險。

但是，當大腦已經習慣將各種訊號視為威脅，並且立刻進入「反擊或逃跑」模式時，就會產生許多問題，其中一種，就是：你可能會變成孩子惡性壓力的來源。譬如，小時候只要一哭就會被打，所以當你聽到孩子的哭聲時，大腦自然的把哭聲偵測為威脅，立刻啟動「反擊或逃跑」模式。當人進入這樣的緊急備戰模式時，會被情緒淹沒、沒有辦法思考，所以，你可能會感到全身燥熱，在衝動憤怒之下對孩子吼罵、說出傷人的話語，甚至傷害孩子。

沒有被好好對待的孩子，長大成為父母後只能用有限的能力教養下一代。於是，許多父母用自己原生家庭的方式教育孩子，因為那是他們唯一看過、最熟悉的親子互動模式。

如果沒有覺察到原生家庭如何影響你時，就可能會不自覺的把相同的教養方式複製給下一代。正在讀這本書的你，一定希望可以提供良好的原生家庭給孩子，這就是為什麼你選擇看這本書，而你能做的第一件事情，就是好好檢視自己的原生家庭。

了解原生家庭帶來的影響

檢視原生家庭，可以翻回第一章的ACE測驗，想想你經歷過哪些童年負面經驗？閱讀至此，再回去看ACE測驗中的問題，你有什麼新的想法？你覺得，原生家庭如何塑造你？你可以用本篇接下來的三個練習，幫助你思考這些問題。

練習 4

檢視你的原生家庭

請花時間檢視你現在的生活模式，思考以下幾個問題，也可以將你的想法寫下來：

- 有情緒（像是生氣）、碰到壓力時都如何反應？
- 你有哪些核心信念？
- 你如何對其他人（像是伴侶、家人）表達自己的情緒和需求？
- 你如何對伴侶和孩子表達關心與愛？

思考現在的生活時，請試著連結過去與現在：哪些想法與行為可能是童年的哪些經驗造成的？

有位媽媽回顧練習五的問題後說：小時候，母親常常批評她、責罵她，也很少對她說：「我愛妳。」於是，她現在不知道怎麼和自己的孩子表達情感。她發現，自己也經常使用指責語氣和孩子講話，譬如，當她看到兒子騎腳踏車跌倒受傷時，她其實非常心疼，但卻不自覺脫口而出：「你怎麼這麼笨啊！連騎個腳踏車也會跌倒！」或是罵孩子：「不是跟你說過要小心了嗎？怎麼聽不懂？」

覺察是改變的第一步，這位媽媽覺察到自己正在複製母親的負面語言時，就能改變。於是，我請這位媽媽練習：如何使用正向言語來替代指責語氣，幫助她用更恰當的方式傳遞愛與關心。

諮商時，許多大學生告訴我：「我以前從來沒有想過，原來，原生家庭對我造成這麼多影響。」畢竟，大家都認為，長大後童年就過去了，卻不知道原來童年一直跟隨著你。

如果童年傷害太過嚴重，你可以尋求心理師或是精神科醫生協助，藉由治療創傷的專業心理工作者幫助你，療癒童年的傷痛。

我正在提供孩子怎麼樣的童年？

做家庭諮商時，我會請家長花一點時間回想自己的原生家庭，列出原生家庭中三個你想要「保留」的東西，以及三個你想要「丟掉」的事情。譬如，有位爸爸說：小時候，每天晚上全家都會一起吃晚餐，他很喜歡一起吃飯聊天的時光，所以希望現在的家庭也可以如此，這對他來說非常重要。另一位媽媽說：小時候父母常常會在她面前爭吵，所以她希望自己和先生可以盡量不要在孩子面前吵架。

請利用接下來的兩個練習，檢視自己的原生家庭。

練習5

分析你的原生家庭

請回想你的原生家庭，然後寫下三個來自原生家庭裡，你想要保留和丟棄的事情。你也可以和伴侶一起做這個活動，讓你們更了解彼此原生家庭所帶來的影響。

・我想保留三個來自原生家庭的事情：

1. ....

2. ....

3. ....

・我想丟棄三個來自原生家庭的事情：

1. ....

2. ....

3. ....

接著，請你想一下，你現在正提供孩子怎麼樣的童年？你列出想從原生家庭裡「丟棄」的事情，已經丟棄了嗎？

練習 6

檢視你的教養方式

檢視和孩子目前的相處狀況，回想一下，你每天：

- 對孩子生氣、吼罵或打孩子幾次？（______次）
- 對孩子說了幾次負面話語？（可能是嘲笑、貶低、批評或是恐嚇，像是嚇孩子：「你再這樣，警察就會來把你抓走。」）（______次）
- 對孩子講幾次正面話語或是做出肯定孩子的行為？（像是讚美、認同、讓孩子做決定、不去干涉、控制。）（______次）
- 對孩子表達幾次你對他的愛？（像是告訴孩子：你愛他、你會支持他。）（______次）

每個負面互動需要五個正向互動來平衡，才能維繫良好的親密關係，親子關係中也是一樣，父母必須給孩子足夠的正向關係，才能讓孩子感受到被愛、被關心、被重視。你和孩子的正面互動夠嗎？

清創你的童年傷口，給孩子良好的原生家庭

做完以上練習後，你或許會發現：現在的家庭和原生家庭很類似。畢竟，許多父母都是用自己熟悉的方式，也就是原生家庭提供的教育方式對待自己的孩子。

檢視童年的傷害，以及現在的教養模式後，就能找出你想要改變的地方。你可能會發現：你需要控制自己的脾氣、需要多使用正向語言、需要克制自己不在衝動之下回應孩子、需要更放手讓孩子自己嘗試……。

提供孩子健康的原生家庭需要承諾與時間，請拿出一張白紙，寫下「我決定給孩子健康的童年」，接著，寫下兩個你想要改變的目標，像是：「我決定生氣時練習管理自己的情緒，不要吼罵孩子。」、「我決定每天至少稱讚孩子一次。」請把這張紙貼在能夠隨時提醒自己的地方，每天花一點時間檢視有沒有達到。

接下來，我會提供方法幫你適當處理自己的情緒。當你能夠用健康的

練習 7

我決定給孩子「健康的童年」誓言

改變目標：

1. ....

....

....

....

....

....

....

2. ....

....

....

....

....

....

....

方式處理、調節自己的情緒和表達需求時，自然的，孩子就能從你身上學到這些技巧。父母處在身心健康的狀態，就能給孩子更好的原生家庭。**花時間檢視你的童年、清理你的傷口、幫助自己改變，就能讓世代相傳的傷害停止。**成熟、健康的父母就是孩子成長過程中最好的典範，健康的童年會跟著孩子一輩子。

3 停止當個情緒化的「反應型」家長

美國精神科醫生丹尼爾・席格用「戳蜥蜴」來形容反應型家長和孩子的互動：一戳蜥蜴，蜥蜴就會立刻彈跳起來。這種劇烈反應用在孩子身上就是大哭大鬧、大聲尖叫，就像路上經常看到的情形，媽媽對哭鬧的孩子大吼，只會引起孩子更劇烈的情緒反應。反應型家長本身也像被戳中的蜥蜴一樣，有情緒時立刻劇烈反應，於是，他們打罵、威脅孩子，或是在氣憤之餘，衝動說出傷害的話語。

調節情緒，從練習覺察情緒開始

請回想一下，孩子最近一次惹你生氣時，你怎麼反應？

這樣的場景你大概不陌生：在路上，媽媽怒氣沖沖的往前走，後面跟著大聲哭泣的四歲小男孩。媽媽停下來回頭對孩子大吼：「不是告訴你不能這樣嗎？你再這麼壞，我就不要你了。」媽媽吼完，小男孩哭聲更加嘹喨，媽媽又繼續吼：「還哭，再哭就把你留在這裡！」

這位媽媽就是「反應型」家長，有情緒時立刻劇烈反應，於是，他們打罵、威脅孩子，或是在氣憤下衝動說出傷害的話語。就像「戳蜥蜴」一樣，輕輕一戳就劇烈反應。

若想停止當反應型家長，就要先從覺察情緒開始。

一天當中，我們時常會進入「自動駕駛」模式，像是每天早上出門上班，因為固定的路徑和動作，在抵達工作地點後才意識到，自己竟然不記得途中發生什麼事情。或是開車時，不自覺的開上每天習慣走的路，行駛幾分鐘後才驚覺：「今天是要去另一個地方，走錯路了！」

大腦每天要記住的資訊太多了，所以身體會幫你把習慣的模式記下來，讓你進入自動駕駛模式——不需要思考，就能完成許多事情。

在教養上，**如果父母習慣用衝動、情緒化的方式回應孩子**——像是打罵威脅、吼叫咆哮——**這些行為變成你身體記憶的一部分**，成為你的「自動駕駛」教養模式。

當父母無法覺察到自己的情緒，很有可能直接進入自動駕駛模式。然後，當你回過神時，才發現剛剛已經對孩子大聲吼罵、把怒氣發洩在孩子身上了。覺察度不夠時，就沒辦法及時意識到「你現在很生氣」，於是來不及踩煞車，就可能做出讓孩子身心受創的行為。

覺察，就是「感受現在有哪些情緒」、「身體有哪些感覺」。感受情緒需要練習，尤其當你的童年經常生活在害怕、恐懼、無助的感覺下時，大腦為了要保護你，幫你築起一道牆，讓你不需要接收這些負面的情緒和感受。於是，你可能會變得麻木、不知道如何感覺情緒。

練習覺察情緒對父母來說非常重要，先覺察到情緒才能開始調節，才不會做出傷害孩子的行為。當你能夠調節自己的情緒時，對情緒就有控制權，不會被情緒牽著鼻子走。

練習覺察，擺脫教養中的「自動駕駛」模式

大腦常常被許多瑣碎訊息淹沒，像是週末要幹麼、清單上還有哪些該做的事情還沒做、要買哪些東西、晚餐要吃什麼等等，這些訊息讓我們忘記去感受當下——「我現在有哪些情緒？」、「身體有哪些感覺？」、「周遭環境有哪些聲音或是氣味？」

在美國，有越來越多教養書開始提倡父母要練習「覺察」，就是指可以觀察、感受當下的內心與周遭世界。譬如，請你現在把書放下，做個深呼吸，然後說出現在心裡的感覺（像是：「我有點焦慮。」），以及說出身體的感覺（像是：「我覺得肩膀很緊繃。」）就是覺察練習。

日常生活中，大多時候都可以練習覺察，譬如走路的時候可以試著感受腳底板與地面接觸的感覺，或是，仔細聆聽環境中的聲音？聞到哪些味道？看見哪些色彩？呼吸時，感受一下新鮮空氣進入鼻腔時的感受，吐氣時又是什麼感覺？或者，開車時試著在每次停紅燈時，感受自己在這個當下有哪些情緒？身體又有什麼感覺？

覺察是需要練習的，大腦就像肌肉，可以越練越強壯。能夠覺察情緒的媽媽，在感受到自己臉頰發熱、頭開始暈眩時，就知道自己要生氣了，於是，她能幫助自己趕快調節情緒。相反的，進入「自動駕駛」模式的媽媽，往往是等到打罵、吼完孩子後，才回過神意識到剛剛被氣昏頭了！

覺察情緒，才能夠調節情緒，研究也顯示，**自我覺察能啟動大腦前額葉皮質內側，傳遞訊號來撫平管理情緒的杏仁核**。台灣教育並不重視「感覺」，很多父母在成長過程中也都忽視了「感受自己的情緒」，所以台灣家長更需要練習覺察。我常常跟父母解釋：「每個人都會有負面情緒，你會對孩子生氣是很正常的。但是，當你感覺到生氣、煩躁、難過或焦慮時，要能意識到並處理情緒，而不是將情緒轉變成孩子的惡性壓力。」

不管是幫父母、孩子或是大學生做心理諮商時，我都會介紹他們一個簡單的練習：「覺察呼吸」，可以每天花幾分鐘時間，幫助你練習覺察自己的情緒。

請選一個安靜、舒適、不會被打擾的地方，坐或是躺下來，手機設定三分鐘的鬧鈴，在這三分鐘內，你要做的事情就是閉上眼睛，專注於自己的呼吸——感受吸氣與吐氣時的感覺。你可能會想到生活上瑣碎的事情，而這個練習的目的是要幫助你「覺察」，所以，當你意識到自己的思緒跑掉時，就回來專注於呼吸就好。

你可以慢慢增加「覺察呼吸」的時間，藉由練習，就能夠越快覺察到自己的情緒與想法，幫助你擺脫「自動駕駛」模式的教養，給孩子更好的原生家庭。

做好事前準備，建立自己的「情緒急救計畫」

我諮商過幾位兒童，他們被情緒淹沒時就像被戳中的蜥蜴，總會做出劇烈反應。年紀小的孩子大聲哭鬧、尖叫、打人、踢人。年紀大一點的孩子，父母告訴我：「她很叛逆，每次講不聽就對我大小聲，然後進房間用力甩門，在裡面一直哭也不出來。」諮商時，我會教這些孩子如何辨認以及調節自己的情緒，通常，我們會一起製作「情緒急救計畫」。

製作「情緒急救計畫」是幫助孩子了解被情緒掌控的當下該怎麼辦，譬如生氣時會打人的孩子，我會和他討論：「什麼事情會讓你生氣？」、「生氣時，身體有哪些感覺？」、「生氣時，做哪些事情可以平撫情緒？」、「當你很氣憤時，可以找誰幫忙？」把這些東西寫下來，然後讓孩子把這份計畫表放在平常可以看到的地方。

練習 8

情緒急救計畫表

請拿起一張紙，寫下這三個問題和回答：

1. 什麼事會讓我生氣？為什麼我會這麼生氣？（或是將「生氣」換成其他你想要處理的情緒。）

2. 生氣時，哪些反應可能會傷害孩子？

3. 生氣時，要怎麼處理自己的情緒才不會傷害孩子？

回答上述問題時，請再次檢視自己的原生家庭。許多人是在當父母之後，才慢慢挖掘出自己的「情緒地雷」——孩子做某些行為會讓你產生特別劇烈的情緒。

曾經有位媽媽說，孩子不願意好好吃飯會讓她特別生氣，回想自己的童年後，她發現，「吃飯」在她小時候總是充滿焦慮，因為她的爸爸非常嚴厲，總會在餐桌上指責他們，所以一到吃飯時間她總是提心吊膽、在餐桌上不敢講話、深怕做錯事情被罵。

這樣的焦慮在成年離家後被逐漸淡忘，直到生了孩子後，看到孩子吃飯時間吵鬧，童年時期的焦慮與恐懼的情緒又再度湧上，於是她數落、羞辱孩子，甚至因為孩子不好好吃飯，氣得把孩子關在家門外好幾分鐘。

當這位媽媽覺察到自己的情緒，並且了解自己「為什麼對孩子不吃飯這麼生氣」後，她開始掌控自己的情緒。我協助她處理生氣的情緒，她開始練習在生氣時告訴孩子：「我現在很生氣，我需要時間冷靜，等我冷靜後再來談。」然後，她會回到房間、打開喜歡的音樂、做幾次深呼吸，冷靜後再和孩子談話。

這份計畫表很重要，因為被情緒淹沒時沒辦法思考，所以沒有辦法在生氣的時候才來思考該怎麼做。如果事先計畫好，生氣的時候就可以直接照著計畫做，避免做出傷害自己或別人的舉動。

對父母來說，制定自己的情緒急救計畫也非常重要，能讓你在被情緒淹沒時，「幫助自己平撫情緒」，避免變成孩子的惡性壓力來源。

每個人處理情緒的方式不一樣，有些人喜歡聽音樂、看電視、打電話給朋友或家人、到外面去散散心、運動，或是把情緒寫下來。請利用練習八的情緒急救計畫表，寫下適合自己的處理方式，當你能夠用健康的方式處理自己的情緒時，就能避免讓這些情緒傷害到孩子。同時，你也可以提供孩子情緒調節的典範。

4

以大腦科學為基礎的管教法

聽到「管教」兩個字時，你會想到什麼？很多父母會回答：「懲罰，這樣孩子才會學乖。」

做兒童諮商時，我經常觀察父母如何管教孩子。

某次在個案家中，我正和媽媽談話，五歲的女孩和妹妹在客廳玩積木。過沒多久，小女孩開始用力丟積木、製造很大的聲音。

媽媽轉過頭對女兒說：「不要再丟積木了。」但是小女孩還是繼續丟，而且越來越大聲，媽媽越來越生氣，接著她站起來對小女孩大吼：「不是叫妳不要再丟了嗎？怎麼講不聽？不准玩了，去房間裡待五分鐘。」小女孩大哭起來，然後被媽媽拉進房間裡。關上門後，媽媽走回來說：「每次都這樣，講都講不聽！」

這是許多家庭每天都在上演的管教方式，孩子不聽話，父母就處罰孩子。但是，這樣的懲罰真的有效嗎？你覺得，被關在房間裡的小女孩真的能夠冷靜的思考：「我剛剛做錯了，我不應該丟積木。」嗎？

事實上，被關在房間的小女孩無法思考，因為她被下層腦掌控情緒了！她可能心裡想著：「我最討厭媽媽了！」、「媽媽一點都不愛我！」然後，情緒越來越激動。

改變看待孩子的眼光

孩子的大腦就像正在施工的雙層樓房，下層腦負責情緒、基本生存機制，上層腦負責思考、做決策、情緒調節等等。當這位小女孩被下層腦掌控時，她會被情緒淹沒、無法思考、身體進入「反擊或逃跑」模式，就像前面提到的戳蜥蜴，輕輕一戳，就大幅彈跳起來，於是，這位小女孩越哭越激烈。

孩子出現行為問題時，很多父母會認為「孩子是故意的」，這樣的想法會讓你更加生氣，想對孩子大吼：「怎麼講都講不聽！」但是，孩子負責情緒調節的上層腦正在施工中，無法發揮全部的功能，孩子沒辦法每次都深思熟慮後才做決定、無法好好調節自己的情緒、無法有效克制自己的衝動，或是無法了解自己的行為對別人的影響……。也就是說，**父母要對孩子有合理的期待，不能用「成人的標準」來要求孩子**。當孩子出現失控行為時，也可以試著用「孩子被下層腦控制了，所以才會出現這些衝動的行為」來理解。

孩子被下層腦掌控時，父母要幫孩子重新啟動上層腦，孩子才能開始思考和學習。如果用打罵、恐嚇、威脅，只會讓孩子恐懼，繼續啟動孩子的下層腦。

若父母能夠改變看待孩子的眼光，就能換一種方式回應。下一次，孩子大哭大鬧、鬧脾氣時，請先做三次深呼吸，然後告訴自己：「**孩子不是故意的，只是沒辦法有效控制自己的情緒。當孩子被下層腦掌控時，他需要我的幫忙，引導他如何調節情緒。**」

如果你希望孩子成為會思考、能夠調節情緒的人，就必須讓孩子在成長過程中多練習使用上層腦。

管教孩子前，先問自己三個問題

「管教」的原意是指「教導、學習和指導」，也就是說，管教是當孩子做錯事時，父母教育孩子的契機。

如果「教育」才是管教的目的，那麼，孩子在什麼樣的情況下能從錯誤中學習呢？美國精神科醫生丹尼爾・席格建議父母，管教孩子時，問自己以下三個問題：

一、為什麼孩子會這麼做？

二、我想要教孩子什麼？

三、如何教孩子才是最好的方式？

若能在回應孩子之前，反問自己這三個問題，就能用另一種眼光看待孩子的問題。舉個例子：當你看到老師在聯絡簿上寫孩子今天在學校打人時，第一時間會有哪些情緒呢？你可能會覺得生氣、覺得孩子怎麼會這麼不乖，很想臭罵孩子一頓。但是，在你氣沖沖去罵孩子前，請先做三次深呼吸，然後問自己：「孩子為什麼會這麼做呢？」孩子打人的原因很多，可能是因為同學欺負他，讓他很生氣。孩子因為生氣而打人，就是被下層腦控制了，就像被戳一下的蜥蜴，做出劇烈反應。

再來，問自己：「我想要教孩子什麼呢？」如果孩子打人是因為很生氣，那麼你的教育目的就要幫助孩子建立處理生氣的方法，以及用合適的方式表達生氣的感覺。

決定了管教目的後，最後問問自己：「怎麼教才是最好的方式？」回想自己的求學階段，你會發現，當我們充滿負面情緒時——像是覺得生氣、委屈、悲傷難過時，便無法學習新知，因為當下層腦被啟動時，負責思考和學習的上層腦就被關閉了。所以，當父母在衝動之下打罵、吼叫、羞辱孩子時，只會讓孩子的大腦偵測到危險，然後傳遞訊息讓身體進入「反擊或逃跑」模式、做出更激烈的反應。一旦孩子被情緒掌控，就沒有辦法思考和學習，這樣一來，父母就錯失教育孩子的機會。

孩子的上層腦還沒完全蓋好，比較容易被下層腦掌控、做出衝動反應，像是躺在地上大哭大鬧、大聲尖叫。這時，孩子無法調節自己的情緒，他需要大人幫忙平撫下層腦、啟動上層腦，重回思考與學習狀態。

你想要孩子用下層腦（情緒）還是上層腦（理智）？

大腦會隨著經驗而改變，父母給予孩子的經驗和環境都會影響孩子的大腦發展。如果父母的管教方式是不斷讓孩子練習使用上層腦，那麼，孩子就越會思考、做適當的決定、同理他人、情緒上來的時候知道如何處理。長大之後，孩子也更能夠處理挫折和壓力、建立良好的親密關係。

相反的，如果管教方式是不斷啟動孩子的下層腦——像是打罵、恐嚇威脅，或是數落嘲諷——孩子只學會用本能反應、做出激烈行為。因此，在成長過程中不斷使用下層腦應付環境的孩子，因為沒有機會學習如何處理情緒，長大後，他們依然會用激烈的方式來處理情緒，像是訴諸暴力行為、暴飲暴食、無法克制購買慾、使用酒精或毒品來麻痺自己，或者是用自殘來平撫情緒。

ACE研究告訴我們，父母對待孩子的方式會影響孩子的身心健康，但是並不代表父母不能給孩子任何壓力。孩子在成長過程中，不可避免會經歷壓力與挫折，像是準備考試、轉學、與朋友發生爭執，或是與兄弟姊妹吵架、遭遇失敗等等，這些都是讓孩子學習與成長的過程。

面對這些生活壓力時，孩子可能會產生負面情緒，也可能會犯錯，做出讓你生氣的行為。但是，這些都是父母可以教育孩子的機會——教孩子如何處理情緒、如何用合適的方式表達感覺和需求、幫助孩子了解自己的行為對別人造成的影響、以及幫助孩子思考可以用哪些更好的方式解決問題。達到機會教育，這才是管教。但是，如果家長讓孩子長期生活在恐懼、害怕、無助等情緒之下，這樣的惡性壓力，就是在傷害孩子。

每次回應孩子前，先問自己：「這樣的回應有達到教育孩子的目的嗎？」當你能夠了解管教方式對孩子造成的影響時，就能給孩子健康成長的大腦。

5 我被情緒掌控了，怎麼辦!?

繪本《大吼大叫的企鵝媽媽》（親子天下）的開頭寫著：「今天早上，媽媽好生氣，氣到對我大吼大叫。把我嚇得全身都散掉了。」

不管是大人或孩子都可能會被情緒沖昏頭，但是，當情緒來的時候，反應型父母會被情緒牽著鼻子走，所以在一時衝動之下，他們打罵、恐嚇、羞辱、貶低孩子，做出傷害孩子的行為。就像繪本裡的企鵝媽媽，把小企鵝嚇到全身都散掉了。

有意識的父母則是能夠覺察到——我現在非常憤怒，如果在生氣時回應孩子只會啟動孩子的下層腦，讓孩子做出劇烈反應，不但失去了教養的目的，還有可能變成孩子的惡性壓力。於是，有意識的父母給自己時間冷靜，當他們控制好自己的情緒後，選擇用更適當的方法對待孩子。

深呼吸——九十秒鐘的力量

你看過自己生氣的樣子嗎？下次，請拿一面鏡子觀察自己生氣時的模樣，你會發現，我們在生氣或是焦慮時，整個人是緊繃著，可能正憋住氣，或是急促的呼吸。然而，氧氣就像大腦的糧食，當你無法吸入足夠的氧氣，導致大腦糧食不夠，你會更無法思考、衝動做出後悔的事情。這時候，做幾次深呼吸，就能改變。

正確的深呼吸是腹式呼吸法，吸氣時讓腹部往外膨脹，吐氣時再縮回來，且吐氣的時間比吸氣的時間長，譬如吸氣四秒鐘，吐氣八秒鐘。這個簡單的動作可以傳遞訊息告訴大腦：「我現在沒有危險。」這樣，你就能關閉「反擊或逃跑」模式，幫自己冷靜下來。

美國精神科醫生丹尼爾・席格建議父母：「回應孩子前，請先給自己九十秒緩衝，因為，每個情緒浪潮襲擊並離開的時間大約是九十秒。九十秒大約可以做八次深呼吸，如果能在回應孩子之前做八次深呼吸，就能避免你在衝動之下做出後悔的事情。」

記得給自己九十秒，就可以成為有意識的父母。

教養紅綠燈——紅燈停、綠燈行

在美國念碩士時，我曾在附近的小學實習。有一天，我跟著學校的諮商師到三年級的教室，那天的課程是要教孩子「友善」，孩子紛紛拿起色筆和紙，在紙上畫出什麼是「友善」。有個小男孩在紙上畫了紅綠燈，然後在紅燈旁邊寫了「停」，接著指著紅綠燈跟我解釋：「先停下來想一下，再行動，就能對別人好。」之後，每當情緒湧上來的時候，我就會想到這個孩子畫的紅綠燈，提醒自己先暫停，三思而後行。

當父母是一個辛苦的工作，孩子的行為可能會讓你產生各種情緒，這些都是正常的。但是為了不讓自己的情緒傷害到孩子，你需要紅綠燈來提醒你：「停下來！」下次，當你察覺到自己很生氣時，請想想紅綠燈，然後告訴自己：「紅燈停！」

紅燈時，請給自己一點暫停時間。你可以告訴孩子：「我現在很生氣，需要時間冷靜，等我冷靜下來再談。」然後，請暫時離開現場，找個地方平撫自己的情緒。你必須讓孩子知道你還愛他，只是需要一點時間處理自己的情緒，也會回來跟他談。如果你突然走掉，孩子可能會以為：「爸爸媽媽是不是不要我了？」反而讓孩子更緊張恐懼。你可以用接下來的這個練習，幫助自己平撫情緒，再回來跟孩子談。

練習 9

紅燈停下來，綠燈再行動

若需要時間平撫自己的情緒，當你離開現場後，可以：

1. 深呼吸

給自己九十秒的時間做八次深呼吸，讓情緒浪潮離開。請記得，吐氣的時間要比吸氣的時間長，這樣大腦才能意識到：「我要放鬆。」

2. 說出情緒

研究顯示，若能辨認情緒，大腦前額葉就會啟動，減少杏仁核活化度，進而平撫情緒。你可以試著說出情緒，像是：「我現在覺得＿＿＿＿，因為＿＿＿＿。」在心理諮商中，我常常用「冰山」來向個案解釋「生氣」，生氣其實是情緒的冰山一角，無法察覺的那一大塊才是真正的情緒，而這些情緒可能是：「覺得很受傷」、「覺得不被重視」、「覺得害怕」等等。所以，生氣時，請試著辨認自己被隱藏在水面下的情緒。

3. 情緒急救計畫

記得情緒急救計畫嗎？當你被下層腦掌控時是沒有辦法思考的，如果有情緒計畫表，就可以照著做，像是：打電話給朋友、聽輕柔的音樂、出去散散心等等，幫助自己冷靜下來。

4. 問問自己：管教的目的是什麼？

冷靜下來後，請回頭想想：「剛剛發生了什麼事情？」、「孩子為什麼會這樣做？」、「我希望孩子學會什麼？」、「要用什麼方法，才能達到最適當的教育目的？」

5. 提醒自己：我要啟動孩子的上層腦

回應孩子之前，請記得提醒自己：管教方式會決定孩子使用上層腦還是下層腦。如果希望孩子成為會思考的人，就必須讓孩子練習使用上層腦。

當你做完以上五個步驟後，就可以回頭找孩子談談、處理剛剛發生的事情。若父母能用健全的方式處理自己的情緒，也是對孩子示範「如何處理情緒」。

父母先照顧好自己，才能好好處理孩子的問題

你什麼時候特別容易生氣呢？

記得某個週末，我坐在書桌前趕課堂作業，因為瀕臨繳交時間，我感到非常焦躁——臉頰發燙、無法專注。這時，窗外傳來孩子玩耍的聲音，接著，原本嘻笑玩樂的聲音漸漸被尖叫和哭泣聲所取代。平常，孩子的哭鬧聲不會讓我產生負面情緒，但是因為作業做不完的焦慮感，讓孩子的哭聲聽起來特別刺耳，我感到更加煩躁、想要打開窗戶叫他們：「安靜！」我察覺到孩子的哭聲讓我感到生氣、煩躁，於是我關掉筆電，用打掃家裡來轉換心情。

有些人在焦慮急躁時特別容易生氣，一點點小事情就能大發雷霆；有些人可能是肚子餓或睡不飽的時候特別容易生氣；有些人可能是身體疲倦時特別容易生氣。了解「自己什麼時候特別容易焦慮或生氣」，就可以事前防範、做準備。

很多人在當了父母之後發現：孩子占據了所有的時間，他們沒有時間休息、睡覺，更不用說跟朋友見面或是做自己喜歡的事情。但是，**父母必須花點時間好好照顧自己，因為，你的情緒會傳染給孩子**，若每天都充滿焦慮，孩子也會跟著焦慮。**當父母能夠照顧好自己，讓自己身心健康、情緒平穩，這樣才能好好處理孩子的問題。**

照顧自己的方式很多，像是健康飲食、充足睡眠、規律運動。建議父母可以每星期安排一段時間做讓自己快樂的事情，如果喜歡閱讀，就規劃一個不被孩子干擾的時間安靜看書；如果喜歡和朋友相處，就規劃時間跟朋友去看一場電影，或是吃頓飯。總之，花一點時間做讓自己心情愉快的事情，好好照顧自己，因為，當父母心情平靜，孩子也能夠平穩。

第六章

改變你的教養觀

用更健康的方式，
提供孩子更好的原生家庭

檢視自己的童年創傷後，就是解開教養輪迴的開始。

本章藉由三大練習，讓親子間的橋梁更加穩固。學會接納孩子的情緒、教導孩子如何調節情緒，修復親子間的連結，就是讓孩子成年幸福的關鍵。

1

接納孩子的情緒，讓孩子覺得被理解

諮商青少年個案時，我經常聽到：「爸爸媽媽不理解我。」、「爸爸媽媽不重視我。」但是，和父母談話時，我又可以感受到這些父母對孩子的愛、想要幫助孩子。

父母愛孩子，但孩子卻感受不到，為什麼會有這樣的落差？

讓孩子了解，每一種情緒都是正常的

有句話叫做「孩子有耳無口」，意思是要孩子乖乖聽大人的話就好，嘴巴閉起來、不准講話。這些孩子被要求服從與聽話，沒有機會表達自己的感受與想法；或者，當孩子表達情緒時，卻遭受父母的否認或是冷嘲熱諷，孩子當然覺得不被父母理解、覺得自己不重要。

我曾經在兒童諮商辦公室裡看到牆上掛著一面旗子，寫著：「孩子需要被看見、被聽見、被相信。」這短短幾個字正是告訴父母：「這是教養時，必須讓孩子感受到的。」如果父母能夠接納孩子的每一種情緒，就能讓孩子感受到被看見、被聽見、被相信。

電影《腦筋急轉彎》運用動畫描述小女孩萊莉的情緒，大腦裡住著五個情緒小人物：樂樂、怒怒、憂憂、厭厭和驚驚，負責萊莉的快樂、生氣、悲傷、厭惡以及驚嚇五種情緒。電影裡，萊莉的大腦內有一個情緒控制台，當樂樂操作控制台時，萊莉就會很開心；當憂憂操作控制台時，萊莉就會很難過。電影前半段，負責開心情緒的樂樂想盡辦法不讓憂憂出來礙事，因為樂樂想要萊莉開心就好、不要難過，於是，樂樂在地上畫一個圈，叫憂憂待在圈圈裡不要出來。

這是許多人對情緒的誤解，認為負面情緒都是不好的。在兒童諮商的經驗中，我看過許多孩子有這樣的觀念，尤其當「負面情緒」又和「行為問題」聯繫在一起——像是因為生氣所以打人，然後被父母和老師責罵——於是孩子相信，負面情緒是不好的。許多孩子都跟我說：「會生氣的孩子是壞孩子！」而我會對孩子說：「生氣是很正常的情緒，不好也不壞，不管是大人或是孩子，每個人都會有生氣的時候。」

雖然生氣是很正常的情緒，但是不代表生氣時可以傷害他人。**父母要讓孩子了解：「有哪些感覺」和「做出哪些行為」是不一樣的，並且教孩子用更適當的方式處理這些情緒**。父母要讓孩子知道：開心、難過、生氣……每一種情緒都很正常，而父母要做的，就是接納孩子的情緒。

接納孩子的每一種情緒

請想想看：今天，你因為一件事情感到非常難過，當你和好朋友述說時，朋友卻回覆：「拜託，這有什麼好難過的，不要再難過了！」聽到這句話，你有什麼感覺呢？你可能會很生氣、覺得不被理解、覺得更難過、覺得被否定，或是，你再也不想找這位朋友談心事了。

同樣的，當孩子覺得難過、害怕時，爸爸媽媽卻取笑或責備他：「哭什麼哭，這有什麼好哭的？」、「這有什麼好難過的？」、「這樣就害怕喔？膽小鬼！」、「不要再難過了！」這些否定的言語會讓孩子覺得「不被接納」、「爸爸媽媽不了解我」、「我不能有這些感覺」、「我的情緒並不重要」、「我一點都不重要」，甚至會讓孩子認為有情緒是不好的，或是無法接受自己的情緒。

孩子在成長過程中，如果常常被否定自己的情緒，長大後也可能會產生許多問題，譬如：他們可能會常常懷疑自己、沒有自信，畢竟，每次的感受都被否定時，孩子要如何相信自己的感覺是正確的呢？這些孩子長大後，就像我在諮商室中接觸到的許多個案，有些人無法辨認情緒、有些人一直認為自己不夠好。

心理學家潔妮絲・韋伯博士（Jonice Webb）用「情緒疏忽」來形容常常否定孩子情緒的父母。她認為：「在情緒疏忽下長大的孩子，常常會覺得『我的情緒不重要』，也因為孩子的情緒經常被否定，他們無法理解、信任自己的情緒；長大後，孩子可能會覺得內心空虛、覺得自己沒有辦法和他人連結，或是覺得自己有問題，但又說不上來到底哪裡有問題。」

的確，一些孩子害怕或難過的事情，像是吃到一半的糖果掉到地上等等，在大人眼中看起來只是「小事一件」，但是，對孩子來說卻很重要。孩子感受到的每一種情緒都是真實的，請讓孩子擁有這些感覺，不要否定他的任何一種感受。

同理+傾聽，父母可以這樣做

電影《腦筋急轉彎》將情緒擬人化，裡面有個橋段讓我印象非常深刻：小女孩萊莉在小時候有個幻想朋友小彬彬，他們最常做的事情就是幻想兩個人一起騎著火箭車。萊莉長大後，大腦清潔人員準備把火箭車倒入垃圾場，讓這個記憶被遺忘。小彬彬看到這一幕，非常難過。

看到傷心的小彬彬，負責開心情緒的樂樂不斷想逗他開心。於是，樂樂在小彬彬面前扮鬼臉搞笑，對他吆喝著：「沒關係，我們可以解決問題的！走吧，我們繼續找回去的路吧！」但是，樂樂的熱情沒辦法讓小彬彬開心起來。

這時候，憂憂走過來，靜靜的坐在小彬彬身旁，聆聽小彬彬述說和萊莉玩火箭車的愉快回憶。憂憂一邊聽，一邊回應：「哇，萊莉和你一定玩得很開心！」、「你失去了最寶貴的東西，一定很難過吧。」最後，小彬彬抱著憂憂大哭，哭完後擦擦眼淚說：「我沒事了，繼續走吧。」

很多時候，父母都想當「樂樂」，在孩子難過的時候想辦法逗孩子開心、告訴孩子：「好了，不要再難過了。」、「只是一顆糖果而已嘛，有什麼好難過的，再買就好了啊！」甚至想盡辦法轉移孩子的注意力，像是：「走！我帶你去吃冰淇淋！」但是，這些行為傳遞給孩子的訊息就是：「我不想接納你難過的情緒，你最好趕快開心起來。」

電影中的憂憂則是示範了「同理心」：靜靜坐在傷心難過的小彬彬身邊、認真傾聽、陪伴、一起感受憂傷的情緒。

「同理心」是「與人一同感受」。身為父母，你或許無法理解「為什麼孩子會因為一顆糖果掉在地上就這麼難過」，但是，就算你無法理解，還是可以接納孩子的情緒、陪孩子一起感受傷心難過，因為，孩子的悲傷情緒確實存在。你願意像電影中的憂憂，花一點時間傾聽、認同孩子的感受和情緒嗎？

練習10

接納孩子情緒的日常練習

接納孩子的情緒是需要練習的，畢竟，我們過於習慣立刻「解決問題」，面對孩子的時候也是，一看到孩子傷心難過，就想趕快告訴他該怎麼做。

譬如，當孩子哭著說：「他不跟我玩。」你趕緊回：「沒關係嘛，你可以跟其他小朋友玩啊。」當孩子告訴你：「我討厭弟弟！」時，立刻糾正他：「你是哥哥耶，要愛護弟弟啊。」這樣的回應方式會在不知不覺中傳遞給孩子：「你的感覺是錯的。」

孩子有情緒時，以下三個步驟可以幫父母接納孩子的情緒：

1. **提醒自己**：讓孩子擁有自己的感覺和情緒，不要否定孩子的感受。

2. **試著站在孩子的立場同理他可能有的情緒。**可以告訴孩子：「朋友不跟你玩，你一定很難過吧。」、「我可以感覺到你現在對弟弟非常生氣。」認真傾聽孩子，讓孩子知道你接納、了解他的情緒。
3. **想辦法讓自己「閉嘴」。**請告訴自己：「我要陪孩子面對這些情緒，不是要立刻幫他解決問題。」請克制自己想告訴孩子「不要再難過了！」的衝動，也避免自己做出評價、否認，或是想要逗孩子開心的言行。

接納孩子的情緒表示你認同孩子有這些情緒，並且不去批評情緒的好或壞、正不正常。當父母能夠同理孩子的情緒時，孩子可以感受到父母的理解、接納、支持，就可以像電影裡的小彬彬一樣，從情緒中站起來，繼續往前走。

說出情緒，啓動上層理智腦

研究顯示，**人類在辨認情緒時，大腦皮質區就會開始運作，傳遞訊息降低杏仁核的活動，進而平撫情緒**。父母可以藉由幫孩子辨認情緒，讓孩子停止被下層腦掌控，啟動上層腦、開始思考。父母可以問孩子：「你現在有哪些感覺？」、「他不跟你玩，你有什麼感覺？」如果孩子還不擅長辨認情緒，或是還沒有足夠的語言表達情緒時，父母可以幫孩子說出情緒，像是試著猜測孩子的感覺：「阿姨剛剛講那句話，你聽了會難過嗎？」、「他這樣罵你，你是不是很生氣？」

家長都希望孩子開心，看到孩子傷心難過，父母也會難受。但是，一生中，不可避免會經歷各種負面情緒——悲傷、痛苦、氣憤、羞愧或是緊張焦慮……每種情緒都是正常的，我們不能奪走孩子的負面情緒。

情緒來了也會離去，父母要做的是陪孩子感受、接納並同理孩子的感覺、教他們如何適當處理情緒，孩子才有能力面對各種挫折與困境。

2

父母就是孩子情緒的教練

做兒童諮商時，常常會碰到緊張焦慮的父母問：「為什麼孩子都說不聽？」、「孩子為什麼要打人？」、「為什麼他一直欺負妹妹？」、「明明知道會被懲罰，為什麼還要說謊？」這些讓家長頭痛的問題行為，理由其實很簡單，就是「孩子被情緒控制了」，也就是說，孩子沒有辦法好好處理他的情緒。

孩子也需要練習覺察自己的情緒

每個人每天都會經歷各種感覺和情緒，或許你不自覺，但是我們每天都在展現自己的情緒調節能力，來面對各種感受。無法有效調節情緒的人可能會轉向使用不健全的方式來面對情緒，像是酒精或毒品、暴飲暴食、攻擊行為，甚至是自殘行為。

心理學家約翰・高特曼（John Gottman）博士表示：「父母要當孩子的情緒教練，從日常生活幫孩子學習情緒調節。」許多父母期望孩子有好成績，卻不知道孩子的情緒調節能力深深的影響學習能力，當孩子能夠好好調節情緒時，比較不容易被情緒困擾、更專注學習。而孩子學習情緒調節的第一步，就是要先辨認情緒、了解什麼是情緒。

我在上一章時提到，父母要練習覺察，才能及時踩煞車，不做出傷害孩子的言行。同樣的，**孩子也需要練習覺察，當他們能夠感受到情緒，才能學習控制自己的情緒。**

在美國，有越來越多學校重視覺察情緒，將「覺察」（Mindfulness）融入學校課程中。譬如，老師會花幾分鐘時間，讓孩子舒適的坐著，然後閉上眼睛、專注於感受自己的呼吸——空氣吸入鼻腔時的感覺，以及吐氣時的感覺。

父母可以利用一些小活動幫助孩子練習覺察，譬如收集石頭、樹枝、枯葉等等，讓孩子花一分鐘觸摸一樣物品，並請孩子專注感受手上的觸感、材質和形狀，摸完之後，讓孩子分享這些感覺。或者，讓孩子花一分鐘仔細觀察周遭環境，然後說出三個以前沒有注意到的東西。在戶外時，也可以讓孩子觀看周遭，然後說出三種他看到的顏色、三種聞到的味道，以及三種聽到的聲音等等。

這些方式都可以在日常生活中幫助孩子練習覺察力，當孩子開始覺察，就能開始控制情緒，成為情緒的主人。

從繪本中跟孩子談論情緒

兒童諮商時，我經常用繪本幫孩子學習辨認情緒，像是讀繪本時問孩子：「你覺得這個人有什麼感覺？」、「如果是你，你會有哪些感覺？」、「為什麼你覺得他在生氣呢？」

孩子會指著繪本裡的角色告訴我：「他很生氣是因為他的臉脹得紅紅的、手握緊拳頭、眉毛皺在一起。」、「因為他在掉眼淚，所以他很難過。」藉由辨識這些情緒特徵，我會繼續和孩子談：「那麼，你生氣的時候是什麼樣子呢？身體有哪些感覺？」這些問題可以幫助孩子將情緒和身體的反應做連結，譬如，孩子可以覺察到：生氣時會全身顫抖、發熱，緊張時會覺得肚子不舒服、胸口悶悶的。能夠察覺自己的身體徵狀，孩子就能夠更快意識到自己的情緒。

親子共讀繪本應該要是輕鬆愉快的，上述問題也沒有標準答案，孩子想要說什麼都可以。如果孩子不想回答，可能是他還不知道該怎麼表達自己的感覺，這時候，我通常會幫他回答，像是：「如果是我的話，應該會覺得很生氣吧。」、「生氣時，我會沒辦法好好呼吸、覺得頭很暈，然後會很想哭。」

有些孩子還不擅長表達情緒，或是還沒有學到足夠的情緒詞彙，當我們分享自己的情緒，就是對孩子示範情緒表達、增加孩子的情緒詞彙。另一方面，若父母願意和孩子分享自己的情緒，傳遞給孩子的訊息就是：「我們有的所有感覺和情緒都很正常，我跟你分享自己的情緒感受，也歡迎你和我聊聊你的感覺。」

由玩樂中學習自我調節

玩樂對孩子的成長非常重要，在玩耍的過程中，孩子可能會發生各種衝突：像是沒有經過別人的同意就拿走玩具、不遵守遊戲規則、搶玩具、破壞別人的遊戲等等。而這些衝突，都是孩子學習的機會。

當孩子起爭執時，有些父母會立刻替孩子解決問題，像是命令：「你們兩個猜拳，贏的人先玩。」、「你是哥哥，應該要讓妹妹先玩。」、「輪流玩！再吵，我就把玩具沒收！」

當父母急著幫孩子想辦法時，孩子就錯失練習解決問題的機會。我曾諮商過一位五歲小男孩個案，他在幼稚園裡常常和其他孩子發生衝突——只要同學拿走他的玩具，或是說他不喜歡聽的話，他就會直接揮拳毆打另一位孩子、對其他人罵髒話，或是朝另一個孩子丟椅子。

當這位小男孩做出暴力行為時，就是被「下層腦」給掌控了。而我要做的，就是幫助他建立自我調節技巧——幫助他覺察生氣的情緒、接納並同理他的感覺、陪他練習平撫生氣的方法，然後跟他討論：「下次碰到類似情況時，有沒有更好的解決方法？」

於是，當我觀察到小男孩手握拳頭、快要爆發時，我會試著幫他說出情緒：「我看到你手握拳，他拿走你的積木讓你很生氣吧？會生氣是很正常的，我生氣的時候都會做三次深呼吸，我們試著一起來做幾次深呼吸。」衝突發生前，我也會跟孩子一起想想解決辦法：「你和他都想要玩這個玩偶，你覺得可以怎麼解決問題呢？」孩子想辦法時，我也會陪他一起分析每種方法的後果，像是：「你這樣做可能會被老師懲罰。」、「這樣可能會傷到自己或是別人。」、「這樣做可能會讓其他小朋友不想跟你玩。」

每一次的衝突和爭執，都是孩子學習的機會。父母要做的不是立刻替孩子解決問題，而是**把機會留給孩子，提供陪伴與協助，讓孩子練習使用上層腦，幫助孩子增加自我調節的能力。**

家長是孩子學習情緒處理最好的典範

我也曾諮商過一位六歲的小男孩，他在生氣的時候經常打人、推人或是丟東西；他的媽媽也很容易被情緒掌控，生氣時對孩子大吼大罵。某一次會談中，我向媽媽解釋了父母可以如何平撫自己的情緒，之後某一天，這位媽媽傳簡訊告訴我，今天傍晚她很生氣，但是她克制了自己想要吼罵孩子的衝動，不僅如此，她還拿起畫筆，告訴孩子：「我現在很生氣，我要把生氣的感覺畫下來。」

在畫畫的過程中，她的氣也慢慢消了。心情平靜後，她拿著畫完的圖向兒子解釋剛剛為什麼生氣，沒想到，幾天後，她看到兒子和女兒快要吵起來時，小男孩跑去拿了紙和筆，告訴姊姊：「我現在很生氣，我要把生氣畫下來。」媽媽驚喜的告訴我這個情況，我告訴她：「妳的示範，讓孩子學會用更適當的方式處理自己的情緒。」

還有一位八歲小男孩，媽媽形容他「輸不起」，每次玩遊戲時，他一定要贏，輸了就會開始大發脾氣，或是在快輸時大喊：「這次不算！」然後把遊戲卡推倒。

諮商這位男孩時，我都會刻意示範「說出情緒」以及「如何調節情緒」。譬如當我玩遊戲輸了時，我會說：「我輸了，現在有點難過，但是我可以做三次深呼吸。」然後在他面前深呼吸。幾次的示範後，我發現他在玩遊戲時也會自己做深呼吸，甚至在我輸了時會立刻拍拍我的肩膀，告訴我：「沒關係，來，深呼吸。」

和孩子玩遊戲時，父母也可以這樣示範表達和調節情緒的方法。與其否定孩子的情緒——像是指責孩子：「這有什麼好生氣的，只是玩遊戲而已啊！」或是嘲笑孩子：「這樣就生氣喔，很丟臉耶。」我們要做的是同理以及接納孩子的情緒，並且幫助孩子用更健全的方式處理情緒。

我會告訴父母：「**你是孩子最好的典範。**」孩子藉由觀察父母來學習——觀察父母如何處理情緒和壓力、如何與他人溝通、如何表達自己的感覺。如果父母生氣時習慣大聲吼罵，那麼，孩子生氣時也容易大吼大叫。如果父母能向孩子示範健康的情緒處理方式，孩子就能學會用適當的方法平撫情緒。

父母能夠穩住情緒，就是給孩子最好的禮物。

3

孩子需要的是與父母連結，不是隔離

我經常在美國幼兒園看到這種管教方法：老師在教室角落放一張特別的椅子，當孩子出現行為問題時，告訴孩子：「我數到三，你再這樣，就去坐那張椅子！」當孩子依然不聽話，老師就會把孩子帶到那張椅子前，命令他：「在這裡坐五分鐘！」

這是很多老師和家長使用的方法，我稱作「隔離法」——當孩子出現行為問題或是不服命令時，父母把孩子關在房間裡面，或是要求孩子獨自坐在角落。幼兒園老師還向我解釋：「書上寫，孩子幾歲，就要隔離幾分鐘。」但是，隔離法真的有效嗎？

用「連結法」取代「隔離法」

美國精神科醫生丹尼爾・席格寫過一篇文章〈隔離法正在傷害你的孩子〉（'Time-Outs' Are Hurting Your Child）。席格表示：「隔離法對孩子有許多負面影響，當孩子被隔離時——不管是被關在自己的房間裡，或是必須獨自坐在某個角落——孩子感受到的是孤立與父母的拒絕。研究發現，孤立與隔離，這種由關係上造成的痛苦，對大腦造成的傷害相當於肢體虐待。」

當孩子出現行為問題時，通常是遇到無法負荷的情緒，又沒有好的情緒調節能力。這時候，孩子需要父母的協助和引導，幫他平撫引發衝動行為的下層腦，重新啟動掌控思考的上層腦。孩子哭鬧就隔離，父母傳遞的訊息是：「表現好，我才喜歡跟你在一起；若你在痛苦、悲傷、混亂的情緒當中，我不會理你，你必須自己承受這些情緒，沒有人會支持你。」但是，這時候，孩子需要的是與人連結，而不是隔離。

許多父母會以為：將孩子關起來，他就能自我反省。但是孩子被隔離時，心裡想的通常是：「不公平，明明就是弟弟先打我！」、「我最討厭爸爸媽媽了！」這些忿忿不平的情緒，加上感到被孤立、被拒絕，就會有更劇烈的情緒反應，阻撓掌控思考的上層腦運作，孩子也錯失了學習調節情緒的機會。

與其使用「隔離法」，父母可以改用「連結法」，提供孩子安全的親子連結。有位媽媽分享：她在家裡幫孩子布置了一個舒適的空間，裡頭擺放孩子喜歡的玩偶、玩具、繪本和彩色筆，就像孩子的安全祕密基地。每當孩子受情緒困擾時，媽媽就會詢問或邀請孩子到這個空間畫畫、閱讀繪本、玩玩具，幫助自己平撫情緒。更重要的是，媽媽會告訴孩子：「如果你需要我，我會陪著你。」孩子不必獨自承受混亂的心理情緒。

依附關係研究告訴我們，**孩子需要與照顧者連結、讓他感受到理解與支持**；尤其當孩子被情緒困擾時，更需要情緒平穩的大人來協助、引導他，幫忙孩子平撫情緒、學習自我調節。

不要因爲成績，破壞了親子關係

在台灣，許多孩子的生活被考試和讀書占據，犧牲了與父母互動或是聊天的機會。成績也讓許多家庭的親子關係充滿緊張與痛苦——爸爸媽媽不斷嘮叨、督促孩子讀書、責罵成績不好的孩子、不斷在兄弟姊妹或親戚孩子間比較成績、或是偏心家裡功課比較好的孩子，孩子感受到的就是：「如果成績不好，爸爸媽媽就不愛我。」、「我不夠好，永遠達不到父母的期望。」

許多家長認為：好成績代表以後可以上好的大學、找到好工作、過著快樂的生活；但是，考試成績真的是成功的指標嗎？

研究顯示，成績並不是成功最重要的因素。有良好的社交技巧、知道如何與他人相處和溝通、能夠調節情緒等等，這些「軟實力」，才是決定未來發展的關鍵。

成績並不是決定未來成功與否的關鍵，孩子的社交情緒技巧才是。如果父母願意花時間與孩子互動談心，就能幫助孩子學習社交情緒技巧——聊聊孩子心裡在想什麼、有哪些情緒、有沒有碰到什麼有趣的事情，或是生活中和學校裡遇到哪些挫折與壓力？孩子在與你聊天的過程中，能夠辨認自己的感覺，並且思考要如何處理挫折與情緒。

你可以試著用聊天談話取代嘮叨，每天花時間和孩子講講話、增進親子關係；親子關係良好，很多事情都很容易解決。

給孩子專屬的特別親子時間

除了用聊天取代嘮叨，父母還可以給孩子「特別親子時間」。特別親子時間是指：孩子擁有你百分之百的注意力、並且能夠自己主導要做什麼事情的一段時間。父母可以依照自己的時間與能力，每個星期給孩子二～四次、每次約十五～二十分鐘的特別親子時間，畢竟父母也很忙，要經常提供百分之百的注意力並不容易。

那麼，在特別親子時間裡要做什麼呢？你可以告訴孩子：在特別親子時間裡，你願意陪他做任何他喜歡的事情——孩子決定要玩什麼、要怎麼玩，而父母就依照孩子的主導行動。當然，在開始前，要和孩子討論基本規定，像是：在特別親子時間內不可以打人、傷害他人，或是要求父母做出太奇怪的舉動，如果孩子違反規則，就會暫停、改期。

請記得，特別親子時間是保證給孩子的時間，父母不能用來威脅、利誘、獎勵，或是處罰孩子。這段時間裡，父母要做的就是積極聆聽，並且克制自己說出批評或是評論的話語。譬如，當孩子操控兩隻玩偶打架，如果父母說：「我不喜歡打架，他們會受傷。」就是評論孩子的玩法，孩子接收到的訊息是：「爸爸媽媽不喜歡我這樣玩，我這樣玩不對。」

在特別親子時間裡，父母只要描述孩子的行為，譬如孩子拿兩隻玩偶打架，你可以說：「他們兩個在打架。」、「他死掉了。」但是，不要評論好或壞，就算孩子在遊戲過程中出現特殊行為，只要沒有違反規則，就跟隨孩子的主導，不做任何評價，這段時間內，父母也要避免提供建議。

一天當中，你有很多時間可以建議或規範孩子，請讓孩子在這二十分鐘內能夠自己做決定。

你也可以設定鬧鐘，當鬧鈴響時，告訴孩子特別親子時間結束了，孩子可能會很失望、想要繼續玩，或是拒絕收玩具。這時，可以向孩子表達你理解他的感受，像是：「你玩得這麼開心，一定很不想結束吧。」如果孩子堅持不肯收玩具，也不要陷入拉鋸戰或是說教，你可以幫孩子把玩具收好，一邊收拾一邊告訴他，剛剛跟他一起玩有多開心。當然，如果父母還有時間也可以繼續陪孩子玩，你可以跟他說：「雖然特別親子時間已經結束了，但是我還有時間可以陪你玩，可是接下來就不是特別親子時間，要像平常一樣嘍。」

特別親子時間讓孩子掌有主導權、可以自己做決定，並且有父母百分之百的注意力。所以，請父母記得把手機收起來、關掉電視，把所有心思放在孩子身上。因為，良好的親子關係才是教養中最重要的一環。

4

良好的親子關係，是成年幸福的關鍵

市面上有眾多教養書籍，你在選擇喜歡的教養方法時，請提醒自己——教養方法應該要幫你和孩子建立更正向的親子關係，因為，良好的親子關係才是一切的源頭。

美國哈佛大學做了長達三十五年的研究，邀請一百二十六位大學生檢視自己和父母的關係，並在二十～三十年後，檢視他們的身心健康。

結果發現，勾選與父／母親關係不良的受試者，百分之九十一在青年時期就出現重大疾病，像是癌症與心血管疾病；與父／母親

關係良好的受試者，則有百分之四十五在中年晚期才出現健康問題。不僅如此，若是與雙親關係都不好的受試者，百分之百在青年時期就出現健康危機。

研究結果印證了：良好的親子關係非常重要。親子關係良好，父母就可以成為孩子生命中值得信賴的大人，讓孩子感受到自己被理解、被支持、被接納；碰到困境時，孩子也更願意和父母訴說、尋求協助。

用正向語言讚美孩子

要建立良好的親子關係，就要從減少負面語言、學習使用正向語言這些日常互動開始。研究伴侶關係的心理學家約翰．高特曼博士建議：「每個負面互動，需要五個正向互動來平衡，才能維繫良好的親密關係。」教養也是一樣，父母要經常使用正向言語，才能建立良好的親子關係。

家庭諮商時，我會請父母與孩子每星期寫下稱讚小卡片，然後在諮商會談結束前幾分鐘，大聲唸給對方聽。父母和孩子也可以一起用紙盒製作讚美信箱、掛在家裡，就可以隨時寫下讚美、投遞到信箱中。當他們大聲唸出讚美卡時，我看到父母和孩子間的眼神交流與藏不住的笑容。

當然，一開始寫讚美小卡會碰到許多困難，許多父母會說：「孩子每天都惹這麼多麻煩，我到底要怎麼稱讚他啊？」、「我想不出要寫什麼！」的確，父母太習慣糾正、指責孩子的錯誤，而常常忽略了孩子的好。讚美需要技巧，也需要父母放下指責的眼光，努力看見孩子做得好的地方。

通常，我會請父母寫下孩子的**具體行為**，而不是空泛的形容「你好棒」、「你好聰明」。譬如，可以稱讚孩子努力的過程，像是：「你今天在拼拼圖時，就算遇到挫折還是繼續嘗試，我覺得這樣很了不起。」、「你非常仔細的選擇要用哪些顏色，你著色時非常的用心。」、「我看到你在快要生氣時做了三次深呼吸，幫助自己冷靜下來，非常厲害。」

正向語言不是只有「讚美」

除了讚美，父母也可以用問問題幫孩子看見自己的正向特質，像是詢問：「我剛剛觀察到你在拼拼圖時，碰到了一些困難，但是你還是完成了。遇到挫折時，你是怎麼讓自己繼續完成拼圖的？」、「你決定跟其他小朋友分享玩具時，心裡在想什麼呢？」這些問題沒有標準答案，孩子一開始可能也不習慣，或不知道該怎麼回答。沒關係，你可以用這些問題幫孩子注意到並強化自己的正向特質。

除了語言，也可以藉由練習十一的親密肢體接觸建立良好親子關係。

練習 11

二十秒的親密接觸

除了使用正向語言，也不要忘記了親子間的親密接觸。當人與人之間有安心的肢體觸碰時，身體就會釋放催產素，也稱為「連結荷爾蒙」，讓我們感受到與他人連結。許多研究指出，肢體接觸像是擁抱、親吻、牽手，能有效降低大腦杏仁核活化、讓人感到平靜。

從今天起，每天給孩子二十秒擁抱吧！我們每天在繁忙的生活中，擁抱通常都很急促，所以，請每天花二十秒的時間，抱抱孩子，感受親子之間的連結，然後告訴孩子：你有多麼的愛他。

列下想告訴孩子的話：

1. 我愛你！
2. 我看到你快生氣時做了三次深呼吸幫自己冷靜下來，真的很厲害！
3.
4.

〔結語〕從現在開始，當個有意識的父母

你在原生家庭裡受到的傷害都不是你的錯，也不是從你才開始，這些創傷通常會在家族裡代代相傳，祖父母傳給父母，而父母再把這些傷害帶給你。但是，你可以停止將創傷遺傳給下一代，提供孩子更健康的原生家庭。

你不需要當個完美父母，只要當個「有意識」的父母就可以——能夠覺察自己的情緒、了解自己的行為對孩子造成的影響、在發現自己被下層腦掌控時趕快踩煞車、重新啟動掌管思考的上層腦，轉為使用更正向的教養方式、提供孩子充滿愛、安全與信任的環境，避免自己成為孩子惡性壓

力的來源。

父母都是平凡人，總會有犯錯或不小心失控時候。犯錯很正常，當你不小心被情緒掌控，進而衝動做出傷害孩子的行為時，最簡單的補救方法就是「道歉」——向孩子解釋發生什麼事情，並且讓孩子知道，父母失控並不是他的錯、不是他造成的。

你就是你孩子的原生家庭，你提供給孩子的童年會影響他一輩子，所以，請你好好照顧自己，當個值得孩子信賴的大人。

給孩子健康的原生家庭，就是父母給孩子最好的禮物。你可以從現在開始，當個有意識的父母。

童年會傷人（二版）

作者：留佩萱

小樹文化股份有限公司

總編輯：蔡麗真｜副總編輯：謝怡文｜責任編輯：謝怡文｜校對：林昌榮｜封面設計：周家瑤｜內文排版：菩薩蠻數位文化有限公司｜行銷企劃經理：林麗紅｜行銷企劃：蔡逸萱、李映柔

讀書共和國出版集團

社長：郭重興｜發行人兼出版總監：曾大福｜業務平臺總經理：李雪麗｜業務平臺副總經理：李復民｜實體通路暨直營網路書店組：林詩富、陳志峰、郭文弘、賴佩瑜、王文賓｜海外暨博客來組：張鑫峰、林裴瑤、范光杰｜特販通路組：陳綺瑩、郭文龍｜電子商務組：黃詩芸、李冠穎、林雅卿、高崇哲｜專案企劃組：蔡孟庭、盤惟心｜閱讀社群組：黃志堅、羅文浩、盧煒婷｜版權部：黃知涵｜印務部：江域平、黃禮賢、李孟儒

發　　行：遠足文化事業股份有限公司

地址：231新北市新店區民權路108-2號9樓

電話：(02) 2218-1417｜傳真：(02) 8667-1065

客服專線：0800-221029｜電子信箱：service@bookrep.com.tw

郵撥帳號：19504465遠足文化事業股份有限公司

團體訂購另有優惠，請洽業務部：(02) 2218-1417分機1124

法律顧問：華洋法律事務所 蘇文生律師

出版日期：2017年7月10日初版首刷

2022年9月28日二版首刷

ISBN 978-626-9621-92-7（平裝）

ISBN 978-626-9621-93-4（EPUB）

ISBN 978-626-9621-94-1（PDF）

國家圖書館出版品預行編目資料

童年會傷人／留佩萱 著 -- 二版 -- 新北市：小樹文化股份有限公司 出版；遠足文化事業股份有限公司 發行，2022.09

面；公分

ISBN 978-626-9621-92-7（平裝）

1. 家庭衝突　2. 親子關係　3. 家庭輔導

544.18　　111009958

線上讀者回函專用QR CODE

您的寶貴意見，將是我們進步的最大動力。

立即關注小樹文化官網

好書訊息不漏接。